HSU

WHAT IS FINANCIAL THINKING?

財務的思考とは何か

経営参謀としての財務の実践論

大川隆法
RYUHO OKAWA

まえがき

私にも大学卒業後、在家の修行時代があった。世界の売上ベスト・テンに常時入っており、日本全体のGDPの一～二％を一社で稼ぎ出している総合商社の財務エリートだったのだ。

「上下十年にライバルなし」と言われるほどのすご腕の国際財務マンだったが、会社の経営幹部要員としても、経営参謀としても、前例のない出世の仕方をしていた。宗教家となるために、出家・独立したが、退社時には副社長決裁まで必要で、管理職の上司だった人たちは、皆、出世コースから外されるほどの衝撃を会社に与えた。

在家時代の記憶は捨てたつもりだったが、「幸福の科学」が、日本を代表する宗教団体として成長し、全世界で活動を展開するまでになった理由は、私自身の財務エキスパートとしての知識・経験・思考法が影響していることは間違いない。

このたび、幸福の科学大学で、「経営成功学部」を構想するにあたり、プロフェッショナルの「財務的思考」を公開することとした。

二〇一四年　八月二十八日

幸福《こうふく》の科学《かがく》グループ創始者兼総裁《そうししゃけんそうさい》

幸福の科学大学創立者《かがくだいがくそうりつしゃ》　大川隆法《おおかわりゅうほう》

財務的思考とは何か　目次

第1章　財務的思考とは何か
―経営参謀《さんぼう》としての財務の実践論―

二〇一四年七月四日　説法
東京都・幸福の科学総合本部にて

2　「財務の仕事」とは何か　36

7 「財務的思考」の厳しさ　120

第2章　質疑応答

二〇一四年七月四日
東京都・幸福の科学総合本部にて

第1章　財務的思考とは何か

―経営参謀《さんぼう》としての財務の実践論―

二〇一四年七月四日　説法《せっぽう》
東京都・幸福の科学総合本部にて

1 「財務的概念」とは何か

実践経営学から「財務的な考え方」を語る

今日は、「実践経営学」の流れのなかの一つとして、特に財務関係の話をしてみたいと思っています。

現在、仕事はかなり細かく分かれていますので、それぞれについて述べることは、なかなか困難かとは思いますが、「財務的なるものとはいったい何なのか」という考え方や外枠《そとわく》を、大まかに理解してもらえれば幸いだと思っています。

これは経営者をやっている方、あるいは、これから経営者を目指す方、また、ビジネスエリート、それから、もちろん学生で経営学を学ぼうとしておられる方にも必要なことです。話を聞いただけで、できるようになるわけではありませんが、少なくとも「知は力なり」で、「知っている」ということは、やはり考える材料になり、自分なりに研究する手がかりにはなるはずです。

また、私が在家で会社時代に経験したものとして、財務本部というところにいたので、この世の実務的な仕事のなかでは、いちばん精通している分野でもあります。

こちらは宗教なので、他の会社などとは違った面がかなりあるとは思いますが、「宗教か、宗教でないのか」ということにとらわれるのではなく、できるだけ一般化、普遍化して、「財務的概念」についてお伝えできればと思います。

トップに必要な「財務的思考」

これは、なかなか教えてくれるものではないですし、教えられないものでもあります。社長族の多くは、霊的に言えば、「守護霊《しゅごれい》の導きのままに」、あるいは、この世的に言えば、本人の「勘《かん》」に頼《たよ》ってやっている部分がそうとうあり、元《もと》をたどれば、性格的なものの影響はかなり出ていると見てよいかと思います。その人の性格や行動パターン、行動癖《へき》のようなものが、この財務のところに出てきます。しかも、もちろん、いちばん大きく出るのは、トップ一人の影響です。

私が経営の話をしても、経営者たちが、すごく嫌《いや》がることが多いのです。

「いつも怒られる」「また言われた」「『社長族は天狗《てんぐ》ばかりだ。自慢しかしない。反省ができない』と、何度も何度も言われる。耳が痛い」と、当会の大黒天《だいこくてん》たちからもよく言われます。

ただ、経営者たちはだいたい〝うぬぼれ屋〟で、何回でも言っておかないと〝すぐ忘れる種族〟でもあるのです。だから、これは必要なのです。

企業でも、そのトップ一人の性格や考え方に影響を受けるのは、もちろんですが、大きくいえば、本当は国家も同じです。「国は一人を以《も》って興《おこ》り、一人を以って滅《ほろ》ぶ」と言われていますので、実際は、国にも適用される部分があるのです。

経済学においては、「マクロ経済学」や「ミクロ経済学」等を、少し分けて考える向きもあります。もちろん、大きな国家レベルになると、ただ利益だけ

●大黒天　仏教教団の活動を支えるための財政的支援を惜しまない人のこと。

でやっているわけではありませんので、いろいろな観点が入ってくることは当然あります。しかし、大きく言えば、やはり、「国もトップ一人で、大きくもなれば、小さくもなれば、倒産もする、破産もする」ということは、起きると言えるでしょう。

もちろん、トップに財務的な考えは必要なので、その基礎概念をつかんでおいてほしいとは思います。しかし、会社がある程度の大きさになると、トップ一人では何もかもできないのは当然ですので、財務部門が、そのトップを支える参謀部門として機能しないと、会社がもたなくなってきます。

特に、新しく起業して経営者になる方は、技術系で、何らかの技術を開発して会社を起こす人が比較的多く、半分を超えていると思います。何か世にないものをつくり出す、あるいは発明する、発見してそれを広げる、あるいは売ることによって、会社を起こしていくと思います。

経営者には技術系の方が多いと考えると、会社が小さいうちは大丈夫のように見えるのですが、大きくなってくると、この財務部門の部分が見えなくなり、ここが、「会社がそれ以上成長するかどうか」の鍵《かぎ》を握《にぎ》ることになります。もう一つは、「倒産するかどうか」の鍵を握るのも、ここになります。

ですから、ある程度の規模になったら、そういったプロフェッショナル、あるいは、その専門的な知識や経験を持っている人を入れないと、「それ以上の成長を目指した場合は潰《つぶ》れる」という状態が来るわけです。

「財務」と「経理」を分けるもの

技術系の社長や、営業系の社長も分からない場合が多いのは、「黒字倒産《くろじとうさん》ということだって、現実には起きる」ということです。単年度の数字や、貸借対照表の「資産の部」と「負債の部」だけを見れば、完全に黒字の会社なのに、なぜか倒産するということが起きるのです。

これは本当に、「財務が分かっていない」という、ただ、この一点なのです。技術開発のほうを中心に考えている人は、「お金は必要だけれども、物が売れて黒字であれば、潰れるわけがない」と思うわけですが、潰れるのです。

ここが分からないところなのです。「売上《うりあげ》のほうが経費よりも大きいし、利

●貸借対照表（バランスシート〔略称ＢＳ〕）　企業のある一定時点（例えば年度末）における資産、負債、純資産の状態を表すもの。

益が出ているはずだから、潰れるわけがないのに、会社が潰れる」。この理由が分からないのです。

技術系の社長は分からないし、営業系でも、いわゆるエキスパート型の、専門職系の営業を経験して、「営業がうまい」ということで独立して会社を起こしたような方も、分からないことが多いのです。「すでにある物やサービスを売る」ということで広げて、会社の売上を上げてきたような人も、やはり、この財務的視点がないために、会社を一定以上大きくすることができなかったり、潰したりすることがあります。

ですから、「黒字倒産」というのは、割にあるのです。もちろん、黒字にならずに赤字のままで倒産というのも数は多いので、黒字になるだけでも偉いといえば偉いのです。ただ、費用をかけて物が売れなければ、もちろん潰れますが、「売れても潰れることがある」という、ここが実は、財務が分かっているかどうかのところなのです。経理的には潰れなくても、財務的には潰れることがあるのです。ここが、「財務」と「経理」を分けるところです。

「黒字倒産」が起きる理由

稲盛《いなもり》和《かず》夫《お》さんなどもよく言っていますが、経理的には、「売上最大・経費最小」にすれば、利益は最大になります。これは、非常に分かりやすい考えです。「売上を最大にしなさい。経費を最小にしなさい。アバウトにいえば、その差が利益です。ここを大きくするのが大事です」と言っています。

これであれば、だいたい全社員が分かるぐらいのレベルになります。「ああ、売上を増やすんだな。そして、経費を最小にするんだな」ということです。要するに、「客を一人でも多くつかんで、一つでも多く利用してもらう。あるいは、買ってもらうようにして、自分たちが使うお金をミニマイズ、できるだけ小さくしていけば、会社は利益体質になり安泰《あんたい》になる」という考えです。稲盛経営を一言で言うと、だいたいそういうことになります。

ただ、これにはまだ〝穴〟があります。「経理的思考」としてはその通りですが、「財務的思考」としては、これでは十分でないところがあります。「黒字倒産」というものがありえるのです。

なぜかと言うと、例えば、物を売るとして、長年付き合っている相手などに、どうしても押し込みたい、売り込みたいとしたら、「とりあえず物を置かせてください」という感じで置いてきたりします。営業マンが売ったことにして、相手に押しつけたり、置いてきたりするようなことが、よくあります。

そうすると、専門的な言葉を使えば、「●売掛金《うりかけきん》」という形で売上が立つことになります。これは「資産の部」に計上されて、いちおうは黒字要因になります。

ところが、売掛金というのは、代金を回収して初めて、現金として入ってくるものです。

江戸時代で言えば、年末に「年が越せるかどうか」ということで、借金取りがたくさん、十二月の三十一日にやってくるので、「ここでどうやって経営者は姿をくらませ、捕《つか》まえられないように逃げるか」という話を、ものの本には面白おかしく書いてあります。借金取りを脅《おど》して追い返す方法を研究した本などが売れたりして、儲《もう》けた人もいるわけです。「借金取りが来たら、気違《きちが》いの

●売掛金　個人や企業間の信用取引によって生じる、売上の未収入金のこと。

ふりをする」とか、「鶏《にわとり》の首を持って、こう切って、首のない鶏を走らせれば、向こうが驚いて逃げ出す」とか、とにかく年末にお金を払わずに逃げる方法を研究した本も遺っています。

「資金ショート」を起こさないことが大事

「相手に物をいくら売った」ということで、相手との契約としては成立しています。売掛金があるし、こちらは債権者ですから、それだけの権利を持っています。けれども、それを回収しなかったら、これは実は、収入にはなっていません。

十二月三十一日までに、売掛金が回収できなくて、自分のほうは、十二月三十一日に払わなければいけないお金があるとしたら、どうなるでしょうか。

例えば、「一億二千万円の売掛金」が存在し、その売った商品をつくるための仕入れ材料として、「一億円の支払い」がすでに起きている場合は、年内に一億円を払ってしまわなければいけない。そうしないと、その後、パーツを納めてくれなくなるので、来年以降も生産したければ、「一億円の支払い」をしなければいけない。

しかし、一億二千万円の売上が立っている相手をつかまえようとしたけれど、社長が雲隠《くもがく》れして、いない。年末年始、正月にどこへ逃げたか隠れて、いない。ハワイに逃げたか、九州の湯布院《ゆふいん》に逃げたか、いったいどこに逃げたか分からず、血眼《ちまなこ》になって探すけれども分からない。そういうことで、社長に逃げられると、売掛金が入らない。

そうすると、「経理的」に見たら、これは二千万円儲かっていることになるわけですが、実際は、「一億二千万円のキャッシュ」が不足しています。現実には、一億円を払ったら、少なくとも一億円はキャッシュアウト、外に出ていきますが、それを補《おぎな》うはずの一億円が入ってこないし、入るべき「二千万円の利益分」も入ってこないわけです。この一億二千万円が入ったことにして、次年度以降の計画を立てても、現実に入っていないものは入っていないので、一月末になると、「給料が払えない」ということが起きるわけです。

こうしたところは、「財務的な考え方」で、「現金の動き」として収支が合ってこなければ駄目《だめ》なのです。ピシッと合っていないと駄目です。そういう意味で、財務では、日《ひ》ごとの日次《にちじ》の決算もあれば、週ごとの週末決算もあれば、月《げつ》次《じ》決算という月ごとの締《し》めの決算もあります。それから、三カ月、六カ月、もちろん一年、あるいは数年の範囲の見方をしていくわけです。

資金の動きとしては、不足することを「ショート」といいますが、「ショートしない。資金ショートを起こさない」ということが、非常に大事です。

ですから、「黒字倒産」と言われるものは、その資金ショートが起きているのです。要するに、実際に払う資金がないわけです。例えば、手形で代金を払っていて、手形が不渡りを起こしたりすると、会社の信用が失われ、銀行取引ができなくなり、信用がなくなって潰れる、倒産するというようなことがあります。黒字でも倒産はあるわけです。

●**不渡り**　支払い期日が定められている手形や小切手の支払いが、預金の残高不足等により応じられないこと。

資産の価値を額面だけで判断してはいけない

そうした、売掛金による黒字倒産もありますが、それ以外にも倒産要因はあります。

債券や株などの有価証券類で、運用していることになっているものは、「資産の部」に入るわけです。これは、資産として「ある」ことになってはいますが、実際には値下がりしていたり、資産価値が紙くず同然になっていたりして、実勢の価格は違う部分があります。

けれども、それを〝額面上〟（取得した価額）だけで計算し、「負債の部」と「資産の部」を見比べると、社長に財務感覚がない場合は「儲かっている」と思うわけです。その数字だけを見て、「わが社は儲かっている」と思って安心し、給料をアップしたり、人を採用したり、ボーナスをたくさん出したりするようなことがあるわけです。しかし、例えば、「どこそこの外国の国債が、非常に利回りがいいと思って買ったところが、暴落した」などということで、〝実際上〟は赤字になっているケースもあります。

これは、暴落したので売り飛ばして損が出たときには、損失としてはっきり出てくるので分かりますが、売っていなければ分かりません。これが、例えば、山一証券《やまいちしょうけん》などが潰れたときのやり方で、いわゆる、「飛ばし」というものです。

売却してしまえば、赤字が確定するので、そうしたくはないものです。だから、それを他の子会社に付け替えたり、いろいろなところに回したりして、分からないようにしていくという方法でやっていることがあります。トップも、

●飛ばし　決算対策のために、企業が保有する含み損を抱えた有価証券を、一時的に第三者に転売し、損失を隠すこと。

これで騙《だま》されることはありますし、知らないこともあります。あるいは、資産だと思っていても、実際には、それは売ることもどうすることもできないようなものもありますので、「資産があるから大丈夫だ」と思ったら間違いです。

最近テレビでは、「ルーズヴェルト・ゲーム」というドラマをやっていました。企業ものは多少勉強になることもあります。

内容としては、会社が赤字で、銀行から融資《ゆうし》を続けてもらう条件として、「野球部を潰せ」などということを、銀行がごり押ししてきます。「赤字会社が野球部を持っているなんて、贅沢《ぜいたく》この上ない」というわけです。グラウンドの土地は遊休資産です。大きなグラウンドを持っていて、野球部員は一日中働いているわけがないでしょう。午前中だけ仕事をしたら、午後は野球をやっているに決まっています。会社側がまた、それを許して、野球にうつつを抜かし、経営に手を抜いて、試合に勝った負けたでワーワーやっている。

これは潰れる前兆《ぜんちょう》です。「まずは野球部を整理しろ！」と言ってくる銀行は、銀行としては当然のことを言っているだけではあります。それでも会社としては、「野球部」と「会社」が一体になっていれば、グラウンドを売って野球部を潰すということは〝会社が潰れる象徴〟のようで、伝統がなくなるようにも見えます。

そのような遊休資産的なものは売れと、よく言われます。このあたりは投資や運用とも関係してくるのですが、専門的になるといけないので、あまり話は広げないことにします。

財務は人体にたとえると「血液の循環」に相当する

結局、財務とは何かというと、人体にたとえれば、「血液の循環」の部分に相当します。「血液が上手に回っていなかったら、人は死ぬのだ」ということです。企業体における血液に当たるものが、実はお金のところであり、お金が回らなければ潰れるということです。

「銀行の融資があるから、全部がうまく回っている」と思っていたのに、融資を止められる、あるいは引き揚《あ》げられる。引き揚げられたら、途端《とたん》に血液が回らなくなります。

平常通りの経済状況で、あるいは景気が好調で、昔のように、先行きが上昇トレンドで、すべてのものが上がっていくような状況であれば、あまり下手《へた》な経営をしなければ、順調に業績が伸びていきます。そこで、銀行は安心して、短期であれば一年ぐらいの期間の貸し出しですが、「ロールオーバー」といって、借り換えをしながら毎年融資を続けてくれます。長期であれば、三年、五年、七年と、期間はいろいろあります。工場資金などであれば、長期の融資を受けなければ資金を回収できませんので、金利は高くなるけれども長期貸付を受けて、事業が回っている場合もあります。

順調にやっていれば、別にそれでいいわけですが、突如《とつじょ》、変動が起きることがあります。

例えば、九〇年以降のバブル崩壊のようなことがあったら、どうなるかです。土地の価格が急に下がります。これは、かつての宮澤政権自体がやったことで

●ロールオーバー　借金の満期がきたら、借り入れを更新すること。

す。「資産倍増計画」と称したけれども、実際は、土地の値段を下げることをやりました。

それをやれば、どうなるかということですが、銀行は、たいてい土地や工場を担保《たんぽ》にして融資します。工場はたいして担保にはなりませんが、土地に工場やビルが建っていて、それも担保に含まれる場合は、不動産分を担保として計上します。これを担保にして、担保の八掛《はちが》けか七掛《ななが》けくらいの資金を融資します。「工場の敷地と建物を売れば十億円になる」というものがあれば、それを担保に取って、八億円か七億円ぐらいを融資することができました。

「土地がずっと値上がりする。今は十億円のものが、二十億円、三十億円になるかもしれない」という状況であれば、銀行も八〇年代ぐらいには非常に緩《ゆる》んできていましたので、「追い貸しでもするから、もっと土地を買い増せ。工場をもっと建てろ」などと盛んに言ってきて、不要不急《ふようふきゅう》なものまで、買わせたり使わせたりしていました。

その結果、バブル崩壊が起きた場合には、今度は一斉《いっせい》に、銀行の財務体質をよくするために、融資の引き揚げを始めました。支店ごとにいくら融資を引き揚げたかという、引き揚げ実績です。こういうことになると、今まで「いける」と思っていたものが、急に資金がなくなるわけです。経営者たちは真っ青になります。そのときに潰れた会社は、たくさんあると思います。

去年、「半沢直樹」のドラマが流行りましたが、あの書き手は旧・三菱銀行に勤めていた方です。三十二歳ぐらいまで勤めていたと思うので、たぶん時期的には、バブル崩壊期に銀行員をやっていたかとは思いますが、実際上、融資を引き揚げたら、会社は潰れます。

　もちろん、株式を上場していて、株で資金を調達できる会社もあると思いますが、そこまでいっていないところは、融資を引き揚げられたら、あとはサラ金などに手を出し、利息がもっと高くて危ないところに、どんどん手を出して借り換え、それを返すために、もっと金利の高いところで借りていく。すると、だんだんヤクザさんみたいな人が出てきて、怖くなってきて、一家夜逃《よに》げのようなことが起きるわけです。

　もちろん、銀行が融資を引き揚げるようなところが、株で資金を調達できるとは思いません。実際、どちらも難しいとは思いますが、そのように、自分たち以外の原因によって、急に倒産が起きるということはあります。

　このあたりの「危機管理」も、財務の機能として入っているということです。

2 「財務の仕事」とは何か

会社の発展段階における「経理部門」の役割

まだ、財務の概略について理解していない方もいると思いますので、もう少し細かくお話しします。

小さな会社をつくるときには、実際は、「財務部」などというものは、ないのが普通です。「経理部門」がある場合もありますが、まだない会社もあります。そういう場合は、十人ぐらいの会社とか、数名ぐらいの会社だったら、たいてい総務担当ぐらいはいるか、対銀行用に、「総務課長」ぐらいの肩書《かたが》きで、管理部門を全部引き受けているというところが多いのです。

これに、会社としてのかたちがついてくると、「総務部と経理部」あるいは「総務課と経理課」などに分かれてきて、お金に関係することは、「経理課」がやるようになります。大きな会社の財務部門が担当するような仕事も、「経理課」がやります。

ですから、決算書などをつくる仕事から始まって、銀行から借り入れしたり、返済したり、あるいは給料が払えるかどうかの計算をしたり、いろいろします。お金に関するものは「経理課」がやり、「総務課」とか「総務部」が、それ以外のゼネラルアフェアーズ、いろんな雑用から、その会社の管理部門系統の全体にわたって、いろいろなことをします。会社の車の管理、人の管理、雑用、備品を買ってきたり、壊《こわ》れたところを補修したり、いろいろなことをしま

●**決算書**　企業が利害関係者（株主、銀行、債権者など）に対して一定期間の経営成績や財務状態等を明らかにするために作成される書類。主に、貸借対照表（BS）、損益計算書（PL）、キャッシュフロー計算書（CF）の３つから構成される。

す。だいたいこうしたかたちに分かれていきます。

そして、もう少し大きくなると、今度は「経理部」がさらに、「財務部」と「経理部」とに分かれてくるのです。

この分け方は何かというと、経理のほうは基本的に、会社の一年間のいろいろな動きを、決算期に合わせて、数字できちっと固めていき、「損しているか、得しているか」あるいは「財務の蓄積状態は、赤字なのか黒字なのか」についての書類をつくることを、仕事にしています。毎日きちっと点検して、お金をごまかされていないかどうかをチェックしたりしています。

銀行との交渉《こうしょう》は「財務」の仕事

「財務部」ができると、銀行と交渉して、お金を借りてくる仕事をします。財務部でいちばんつらいのは、当然、お金を借りてくることです。

財務部門がまだないうちは、だいたい、社長が自ら銀行の支店長に頭を下げて、お金を借りに行かなければいけません。

会社の社長が自ら、銀行側と会って、会社の説明をし、決算書などを見せ、「会社は、こんな状態です、商売の状態はこんな感じで、あとこれだけあれば、この工場がスタートできます」「この商品は、あと開発費をこれだけつぎ込めば、完成して売れるようになります。売れる見通しは、このぐらいあります。

ですから、このぐらいだけ資金を立て替《か》えてくれれば、いけます」というように、社長が自ら交渉しなければいけないこともあります。

会社が大きくなってくると、次は、「財務部門」が銀行と交渉するようになります。先ほど言ったように、「入る金」と「出る金」で資金ショートが起きないように、毎月、月末や、五十日《ごとおび》と言われる五日《いつか》、十日《とおか》、十五日、二十日《はつか》など、「決済」、つまり、ものの支払いがよくある日に、決済する銀行のキャッシュの残高がちゃんとあるかどうかを、ウオッチしなければいけません。

財務が、お金を払う手段として、「銀行から借りて払う」と、すぐ考えるのは、普通の素人《しろうと》的な考えです。プロフェッショナルの財務マンになってくると、そうは考えません。そもそも支払いを決めるときに、例えば、三カ月手形で支払って、三カ月後に一億円のキャッシュアウトがあるとしたら、その支払い日には、何かの収入、キャッシュイン、お金が入ってくるようなものをつくり、その日に合わせるようにします。そうすれば、同じ銀行のなかで、出ていく金と入ってくる金が一緒になるので、無駄なく合わせられます。

要するに、一億円ぐらいの商売だとしたら、銀行から一億円を借りて返済資金に充《あ》てる必要など、まったくありません。他の商売で一億円以上入ってくる予定の日があれば、そこに合わせれば融資を受ける必要はなく、払えるわけです。これを「マリー（marry）する」とよく言います。英語で言えば結婚ですが、マリーするという考え方です。

財務部門が「資金計画」をつくる

だいたい、そのように、財務部門が「資金計画」をつくります。いつごろに、どのくらいの大口の支払いがあるかを見ていき、それに収入等を合わせていくように努力します。日を調整して、なるべく合わせるようにします。もし、その日に資金ショートが起きたら、赤字で大変なことになります。お金を借りなければいけなくなります。そういうことがないように、自分でその部分を賄《まかな》えるように、「支払い」と「収入」の日を合わせていく仕事をしているのです。

このために、毎日、あるいは毎週、毎月の資金繰《ぐ》り計画を、小さくつくっています。私もつくったことはあります。支社レベルですが、全社の資金繰りと、全営業部の収入と支出について、「いつ、どれだけ出ていって、いつ、どれだけ入ってくるか」をすべて出していき、資金計画を立てるのです。これが立たないと、銀行から本当はいくら借りなければいけないかが決まらないわけです。借りずに、自前で調達できる分もあるからです。

これを外国為替《かわせ》に置くと、私は海外での仕事でしたから、例えば、「ドル」と「円」との取引や、「輸出」、「輸入」が起きてきます。ドルで輸出するものと輸入するものが、当然あります。輸出と輸入がバラバラにあるので、輸出の代金をもらう日と、輸入の代金を払う日とが別の日だったら、例えば、十五日ずれたら、その十五日分だけ資金負担が起きますので、この分を銀行からお金を借りて、金利を払わなければいけなくなります。

これはもったいないので、輸出と輸入の決済日をなるべく〝マリーさせる（結婚させる）〟、つまり合わせることで、余計な利息を払わせないように調整していきます。外為《がいため》（外国為替）のなかにも、そういう機能はあります。輸出部門と輸入部門を持っているところは、だいたい、そのようになります。

例えば、石油を輸入しても、石油を国内で売った代金が入る日と、うまく合わせるようにしていけば、銀行から融資を受けなくても、自前でその輸入の部分の決済ができます。財務の担当者は、こんなことを考えるようになるわけです。

人事、総務、秘書等の「管理部門」

それから、「財務と経理が分かれてくる」と言いましたが、先ほど言った総務の部分も大きくなってくると、総務だけでは足りなくなり、「総務部」と

「その他ゼネラル」のなかで「人事部」というように分かれてきます。総務は、「その他ゼネラル」のなかで残っている部分の、雑用や、いろいろなものを引き受けるようになりますが、人事は、給与の計算や住居、トータルの人件費計算、あるいは、病気をした人の世話や、死んだ人の香典《こうでん》等の後始末など、いろいろなものを計算しなければいけなくなります。

香典を持っていくのは総務かもしれませんが、それを計算するのは人事部でしょう。「人事」と「総務」が分かれてきます。「人事部」は、昇進する人と昇進しない人を、勤務評定、査定して、給料やボーナスに差がつくようになり、トータルでいくら払うかも計算しなければいけなくなります。このように、管理部門ができてくるわけです。

さらに、もう少し大きな会社になると、総務と人事の両方に関係がありますが、「秘書部門」というものが分かれてきます。秘書課あるいは秘書部、あるいは大きな会社になると、秘書室ぐらいのものは持っています。総務や人事以外の、〝プラスアルファ〟の部分です。

上級の役員や経営者、あるいは、たまに営業のアシストで使う場合もありますが、そういう人たちのための秘書部門が出てきて、総務的な部分だけでは足りないところを担当します。例えば社長や副社長、専務などになってくると、会社の機密情報、重要情報がたくさん飛び交《か》っているので、一般の人には見せるわけにはいきません。そのため、口が堅《かた》く、信用があり、会社を裏切ったり、黙って横領《おうりょう》したりしないタイプの人が秘書部門に入ってきて、トップや、それに次ぐ人たちをサポートする体制が出来上がってきます。知らせてはいけない情報は知らせず、知らせなければいけない情報は知らせる、〝隠密部隊《おんみつぶたい》〟のようでもあり「参謀」でもあるような部門ができてきます。
だいたい、このようなかたちで、管理部門が増えてくるわけです。

財務は「守りのなかの攻《せ》め」――資金繰りと資金運用

そのなかでの「財務部門」があるわけです。財務部門、経理部門とも、ある意味でのトップの「参謀」であり、「企業参謀」であることは間違いありません。金銭に関しては私情を抜きにして、要するに血液が回らなくなったら〝死ぬ〟わけですから、医者と同じで、危ないものは「危ない」、行けるものは「行ける」と言わなければいけません。そうした意見具申をする役割があります。

経理にはなくて、財務にあるものは、先ほど言った、キャッシュインとキャッシュアウトを合わせて見ていく「資金繰り」のところと、もう一つは「資金運用」、「投資の部門」です。

例えば、手元資金ができてきたら「投資」をかけていきます。あるいは、銀行から借り入れて投資をかけますが、「この投資が、どのぐらいの期間でどれだけの効果を生むかという意味で、借金するに値《あたい》するかどうか。額はどのぐらいか。あるいは、出ている利益のなかから、一部をそのまま利益で計上したら、税金をたくさん払わなければいけなくなるだけだから、将来必要なものがあれば、工場を建てるなら建てる、工事用地を買うなら買うというかたちで、投資をするかどうか」。こうした「投資計画」を立てるのは、基本的には財務の仕事になります。

そういう意味で、経理の仕事から溢《あふ》れてくる部分です。経理は〝守備〟が中心だと考えれば、財務は、守備もあるのですが、「守りのなかの攻め」のようなところがあります。基本的に、「守りつつ攻める部分が、財務の部分の仕事だ」と考えてよいでしょう。

守りつつ攻めなければいけないわけです。例えば、技術開発で急発展したような会社が潰れるか潰れないかは、このへんの〝腕利《うでき》き〟がいるかどうかにかかっていると言ってよいと思います。

技術系・営業系の社長に多い欠点

例えば、ライブドア事件でも、時価総額が七千七百億円ぐらいになったところで潰れました。やはり、優秀な財務マンがいるかどうかは、大きかったと思いますし、彼らには分からない部分があったと思います。

「技術系」の社長の場合は、開発資金がとにかく必要であり、お金があれば物はつくれるので、お金は欲しいのですが、「借金」と「自己資金」との区別がつかない人も、たくさんいます。それでも、社長をやれているのです。数人、十人、二十人ぐらいの会社であれば、商品が売れていれば、「借金」と「自己資金」の違いが分からなくても、けっこう社長をやれている人はいるのです、しかし、その辺は、やはり分からなければいけません。

借りた金は、返さなければいけないのです。銀行から借りたものも、一年なり、三年なり、五年なりで、返さなければいけない期日が来ます。そのときに、返せるようになっているかどうかの帳尻《ちょうじり》を、ちゃんと合わせる人が必要になります。

それが合わないと、粉飾《ふんしょく》決算等、いろいろなものが起きてくるようになるわけです。銀行を騙すために、決算を粉飾し始めるのです。ありもしない架空の売上を計上したり、経費の部分を上手に隠したり、いろいろと小細工をし始めます。銀行を騙し、嘘の決算書を見せて融資を続けさせるなどということをし始めますが、どこかで、バレます。いずれどこかで、商法違反で捕《つか》まるようなこともあれば、会社の信用をなくして潰れるようなことも起きますので、基本的には避けるべきことではありましょう。

ただ、長い企業の歴史のなかで、会社をつくって十年以内で、そうした資金的な危機が来ないところはほとんどなく、たいていのところは経験します。「この修羅場《しゅらば》を越えなければ、経営者としては、やはり本物ではない」と考えてもいいのではないかと思います。必ず、資金的な危機は来ます。

ですから、技術系や営業系の社長の場合は、「お金がどこから出てきて、どこに消えていくのか」、「儲かっているのか、損しているのか」も、よく分からないことがあるということです。これは、やはり勉強しなければいけないと思います。

プロフェッショナル、専門家を入れたとしても、意見を聞いて、意味が分からないようでは、社長として務まりません。言っている意味が分かる程度までは、自分で少しは勉強しなければいけないでしょう。このへんが、基本的な考え方であろうと思います。

時代を予見する「戦略的な財務思考」

あとは、もう少し大きな意味での、「戦略的な財務思考」についての話をしなければいけないと思います。

先ほど言ったように、政権の経済財政政策が変わり、トレンドが大きく変わるようなときは、企業参謀がいなければ、会社が潰れるもとになります。

宮澤内閣のように、「資産倍増」と言いつつ、実際には資産が減るような政策を取られたら、やはり、思わぬ結果が来ます。やっていたほうが、それを理解していたかどうかは知りません。「確信犯だった」という説もあるので、何とも言いませんが、資産倍増するというのが、「各個人の収入で、自宅を東京都内に持てるようにする」というようなことだったので、それは「土地の暴落」を意味します。「土地が高いから自宅を持てないけれど、持てるようにしましょう」ということは、「強制的に土地の値段を下げる」ということなのです。銀行や、銀行からお金を借りた経験のある方であれば、それが意味することは分かるはずですが、もし、分からない人がそれを決めているとしたら、大変なことです。結局、国民の財産を減らし、倒産がたくさん出て、吸収合併が数多く進んでいきました。

私は、八〇年代の後半に入って、バブル期の盛《さか》りが少し過ぎてきたあたりのところで会社を辞めたのですが、その頃は、先ほど言ったように、銀行も浮かれていました。会社も、どうしても必要に迫られて買うならいいのですが、「将来要るかもしれないし、値上がりするのではないか」と思うものに、手を出さないで我慢するのは、なかなかつらいのです。

人が儲かっているのを見たら、例えば、「隣の人が一億円で購入したマンションが、一年たったら二億円になった」と聞いたら、これは、たまらないでしょう。何もしないで、不労所得で一億円儲かるのなら、やはり誘惑に駆られます。銀行が、「お金を借りないか。マンションを買え」と言ってきても、要らないけれど、「一年後に売り抜いたら、一億円儲かるかな」と思うと、一億円貯《た》めるのは大変ですから、とうとう買ってしまいます。

会社でも、似たようなことが起きました。会社の場合は、もう少し大きくて、マンション一室ではなくて全体になります。それから、ゴルフブームでゴルフ場がたくさん開《ひら》けていっているときであれば、ゴルフ場のための土地を買い、ゴルフ場を開発します。ゴルフの会員権もどんどん値が上がっていましたから、

「これも資産価値がある。資金運用の代わりに、ゴルフの会員券を買えば値上がりする」ということで、皆、ゴルフの会員権を持ちました。

自分でゴルフ場を買って、ゴルフ場をつくる。ゴルフ場を持った以上、使わないともったいないので、接待ゴルフを始めて、平日から取引先とゴルフをやり、会社に出てこないで、ゴルフ場出勤していた人が、社長から経営陣、部長ぐらいまで、けっこういたと思います。

そのあとが、バブル崩壊でした。マスコミからの嫉妬もあり、倫理崩壊に対する批判もあったとは思います。「そんなやつは潰してしまえ」というような感じでしょうか。地獄の閻魔《えんま》様のような感じで「プチュッと潰してしまえ」といって、ぶっ潰してしまう。それから、社用族で夜遊んでいる人たちも、だんだん許されなくなる。「倫理的に、度が過ぎている。会社のお金で遊んでばかりいるのもいけない」ということで、〝潰し〟が来ます。こういうものが予見できていないと、やはり、大損をします。

「ブーム」を見切るのも財務の仕事

七〇年代ぐらいにはボウリング場ブームもありました。ボウリング場やゴルフ場に手を出して、〝やけど〟したところは、たくさんあります。

私が勤めていた会社もそうです。隠していましたが、北海道の変な所にゴルフ場を買って、買ったはいいけれど、遠くて不便でした。さらに、値上がりを見込んで投機したのでしょうが、その開発費用が要ります。

当会が、那須精舎《なすしょうじゃ》（幸福の科学の研修施設）の境内地《けいだいち》を買ったときも、あれはゴルフ場として開発されたところですが、約三十万坪を開発するのに百五十億円はかかったと言っていました。「百五十億円で開発したものを、一回もゴルフをやらないまま、ゴルフブームが去ってしまい、ゴルフ場を開けないままに終わってしまった。そのあとを管理して、生えてくる草を刈るだけで毎年五千万円が要るから、何とかして有効活用してくれ」というので、うちが安く買って、精舎をつくって有効活用し、その土地で学園までつくっています。向こうも、雑草刈りに毎年五千万円払うよりは、有効利用してもらうほうがよかったと思います。

そういう話があちこちであったということです。ブームは去るのです。

ゴルフブーム、それからボウリング場ブーム、それから、喫茶店のインベーダー・ゲームみたいなものが、いっぱいあって、皆がゲームばかりしている。

どこへ行っても、インベーダー・ゲームがあった時代もありましたが、あのブームも、去るときは早かったのです。全国にあったかと思ったら、あっという間に、どこにもなくなりました。

ああいうときに、ゲーム機をつくっていた工場は、〝逃げどき〟を知っていれば潰れなかったでしょう。〝逃げどき〟を知らずに、生産ラインを拡張し、人をたくさん雇い、お金をたくさん借りて生産していた場合は、突如売れなくなり、あとは在庫の山になり、倒産の道に入ったでしょう。

あるいは、「たまごっち」が流行《はや》ったときもありました。売れて売れて、しかたがなく、増産しなければいけないので、工場を増やして、生産していたら、あるときパタッと売れなくなり、潰れるもとになりました。

こういうときには、「見切り」をかけなければいけません。もちろん、経営者がやらなくてはいけないわけですが、経営者にそれだけの力がなければ、財務部門などが、その「見切り」をつけなければいけないわけです。「このブームは、一年ぐらいずっと続きました。それで、製造ラインを大きく拡張していたら、返品がたくさんあったときに、これが倒産のもとになります。全然売れなくなります」ということで、注文はたくさんあっても、ある程度のところで抑えるなり、外部に生産を委託して、切れるようにしておくなり、「リスクの分散」を考えなければいけません。

こういうことを考えるのは、財務部門の仕事なのです。基本的に、そういうことをやらなければいけません。

3 「松下 vs. 中内」に見る財務的思考

「ディスカウント vs. 適正利潤」の戦いに見る経営の違い

そういうトレンドが大きく変わるのを予見したり、ブームを見切ったりすることをやるには、多少、「才能」が要ります。本来は、かなり生得《せいとく》的というか、生まれつきの才能ではありますが、才能があるかどうかは、やらせてみないと分からないところもあり、後天的な経験や知識がないと、才能が花開かないところもあります。「倒産の危機」とか、あるいは「好況」とか、いろいろなものを経験して、身についてくるところはあります。

これの象徴的なものは、松下幸之助《まつしたこうのすけ》さんとダイエーの中内㓛《なかうちいさお》さんの、「京都会談」といわれる対談です。京都の真々庵《しんしんあん》という、松下さんが持っている二千坪ぐらいの、禅寺のような庭があって、そこに要人を呼んで話をしたりしていました。

そこに、ダイエーの中内さんを呼んだことがありました。ダイエーは、「物価二分の一革命」と言って、価格をどんどん下げるという、安売り戦略を全国でやっていました。「ダイエーで売るなら、松下電器のテレビだって値下げしなければいけない」ということです。しかし、松下は定価販売だったので、これを守らなければ、自分のところの取次店、松下がずっと守っていた系列のお店が潰れます。ダイエーで買えば安いのなら、やはり、そちらで買うでしょう。だから、電器店がみんな潰れていくということで、「やはり、定価で売ってもらわないと困る」ということで、会談をしたわけです。

松下幸之助は、「『適正利益』、『適正利潤《りじゅん》』というものはある。経費に適正利潤を乗せたものが定価なのだ」という考えでした。中内さんは、アメリカでディスカウント商法がすごく流行っているのを見てきていたので、「これからは、ディスカウントの時代がやってくる」という考え方でした。どんどん、できるだけディスカウントしていって、大きいものは、もっともっとディスカウントして、弱いものを潰してでも大きくなっていました。これをアメリカで見ていたから、「未来はこうなる」と知っていました。

これが間違っていたわけではありません。実際、そうなっています。今も、百円ショップもあれば、コンビニも流行っています。百貨店にコンビニが挑戦しています。とうとう、コンビニでスーツまで売るようなことまで始まっています。〝駆逐艦《くちくかん》〟で〝戦艦〟と十分戦うということが、現実には起きています。「時代の流れ」がディスカウントにあること自体の読みは、中内さんが実際にアメリカで見た通り、ある意味では当たっていました。

ただ、幸之助さんのほうも、なかなか、しつこかったのです。いったいどこの問屋から仕入れて安売りをしているのかを見つけ出すために、松下の製品に、普通では見えない蛍光《けいこう》性の色か何かで製造番号を打ち込んで、どのルートから行くのかを全部調べました。そして、ダイエーで買ったものを調べて、どこの問屋から仕入れたものかを突き止めて、違反販売している悪いところを、しらみ潰しに潰していきました。この戦いが十年以上、「三十年戦争」ぐらい続いたと思います。

しかし、そのあたりについては、議論としては、両方とも成り立つ部分はありました。

「不動産業」に手を出さなかった松下幸之助氏

ダイエーの商法は、「土地を余分に買って、それが値上がりすると、その担保価値が上がる。それを担保にして銀行から融資を受け、また土地を買って、郊外に大きな店を出す。それをまた担保にして、また買って、大きくしていく」というかたちで、どんどん経営を大きくしていく商法でした。

幸之助さんのほうは、いろいろな本に書いてありますが、例えば、鳥取県のような地方に行って、旅館の仲居《なかい》さんから、「産業がないから、若い人は、みな都会に出ていきます。幸之助先生、何とか、地元に産業をつくっていただけないでしょうか」というようなことを言われ、「分かった」ということで、工場をつくった場合もありました。そういうときの心得として、例えば、工場用地として必要なのは一万坪ということであれば、一万坪しか買いませんでした。

工場を建てれば、普通は、周りの土地の値段が上がってき始めます。ですから、「地価が倍になる」ということであれば、一万坪ではなく二万坪を買って工場を建て、一万坪に工場を建てたあと、残りの一万坪を売り払えば、その土地を売っただけの代金で、工場代が全部出るわけで、〝差し引きゼロ〟になってしまいます。タダで工場が建つわけですから、これは実に、楽です。

この誘惑には当然、駆《か》られます。ダイエーはこれをやり、「そごう」も、これをやりました。そごうの社長や会長を務めた水島廣雄《みずしまひろお》さんは、中央大学で理論をつくり、博士号も取りました。「駅前の一等地に大きな土地を買い、ごつい戦艦のような旗艦店《きかんてん》をバーンと建てれば、土地の値上がりが確実になる。そして担保価値が上がり、それを担保に銀行から融資を受けて、ほかの場所にまた一等地を買い、パンッと建ててやる」という経営について論文を書き、これで博士号を取りました。

しかし、やはり、こういう理論が仇《あだ》になることはあり、バブル崩壊期になって土地が値下がりしたら、ここも、もたなくなってきました。

そういう「浮利《ふり》に手を出さない」というのは、昔の三井や住友なども江戸時代からそうだったと思いますが、幸之助さんも、そういう考えでした。「土地を余分に買えば儲かるのは分かっているけれども、それは不動産業であり、自分の本業ではない。そういうもので、ぼろ儲けをし始めたら、コツコツと電化製品をつくって売るという仕事は、馬鹿らしくて、やっていられなくなる」ということで、「それは、手を出してはいけない」と言って、やりませんでした。「結局は、そのほうが安全であった」というのは、昔の話です。今のパナソニックが、どうであるかは知りませんが、昔はそういうこともありました。このへんは、幸之助さんのほうが〝勝ち〟だったと思います。

「ディスカウント路線」と「適正利潤」の限界

ディスカウント路線が正しいかどうかについては、少々、問題はあったと思います。私も会社員時代に、「ダイエーの『物価二分の一革命』をやったら、ライバルを倒していける限りにおいては、生き延びていけるというか成長はできる。しかし、ライバルが潰れ果てたときには、最後は自社が潰れることになるのではないか」という感覚は持っていました。ですから、これは難しいところです。

これは、幸之助さんのほうにも同じく、「水道哲学」のような哲学もありました。「無限に供給することによって、水道の水のようにタダ同然になり、誰が取っても、盗人《ぬすっと》と言われないようになる」という「水道哲学」です。

これをやれば、本当は、物は安くならなければいけないわけですが、「松下電器の製品は、全然安くありません。高いです」と言ったのが、二十数人いた役員のなかのほぼ末席だった、山下俊彦《やましたとしひこ》という方です。末席の役員が、幸之助さんがいるところでそういうことを言い、幸之助さんはムッと怒ったのですが、〝二十五人抜き〟で、その末席の人を次の社長に据えたわけです。

「水道哲学などと言っても、うちの製品は安くない。高いですよ」というのは、それは、そうでしょう。コストの上に適正利潤を乗せて売っているのですから、ディスカウントの考え方から見れば、実際には値段は高いはずです。しかし、供給側がそういう考えに陥ることは、当然あるということです。そういうことは歴史上、いろいろとありました。

4　「財務的センス」とは何か

「投資」と「経費」の区別を見極める「財務的センス」

経営全般ではありませんが、経営の核心のところには、資金、あるいは財産やお金の流れをめぐる、「経営者としての感覚」というものがあると思います。それを支えるスタッフ部分としての、財務部門の力は、けっこうあると思います。

ある行為が、「投資なのか、消費なのか」を判断するのは、極めて難しいことです。経理的な判断だけをすると、「投資と消費」、あるいは、「投資と経費」

の区別は、ほとんどつかないことが多いのです。

財務的な思考としては、「これは投資にあたる部分なのか、あるいは経費にあたる部分なのか」を、よく見極めていかなければいけません。ここは、才覚が問われるところです。

例えば、「これに一億円をかければ、将来、二億円、三億円になる」という見方が、本当にそうなるのか、それとも、単なる「経費の増大」に当たるのか。「お金が余っているから、新規会社をつくる」というのが、単なる経費増に当たるのか、あるいは投資になるのか。この見極めは、極めて難しいものです。

現に儲かっている会社の黒字の部分に、お金を注《そそ》ぎ込んで大きくするというのは、誰からも賛同を受けやすい。しかし、「現に赤字の部分にお金を注ぎ込んで、これが将来、金の生《な》る木になるかどうか」という判定は、極めて難しいのです。

経理的に見ると、その赤字部門のところは、基本的に切りたくなります。しかし、このなかには、一部、将来性があり、発展する可能性があるものもあります。それが発展するまでの間は赤字が続きますが、それを超えたら黒字になり、実を結ぶ場合もあります。これが見分けられるかどうかは、「経営者的才覚」でもあるし、「財務的センス」の部分でもあるわけです。

「これには金をかけなければいけないけれど、こちらには金をかけてはいけない」というところはあります。そのへんの難しさがあるのです。

一定の規模を超えたら「財務マン」が必要

昨日も、新聞の夕刊を見ていたら、一面に、野菜工場をやっている会社が載《の》っていました。十社に一社の競争に勝ち残り、今、テレビで取り上げられたり、よく新聞に出たりしている会社です。「ほかとの競争に勝って、どこそこにも工場を出す」と出ていました。それは嬉《うれ》しいだろうとは思いますが、財務的に見たら、私などは、そろそろ〝怖《こわ》い〟気がします。適切な財務マンを持っていなければ、潰れる恐れがあります。発展しても、そのコスト・コントロールから、投資が成果を生むかどうかというところまで、ちゃんと見える人がいないと、危ないのです。

ニーズがあって始めても、途中からライバルに食われたり、需要がなくなったりするようなことは、いくらでもあります。そのへんで、いよいよ経営に、非常に〝要注意〟の部分が出てきます。一定の規模を超えると、危なくなってくるのです。社長の能力を超えた場合は危険になるので、〝助っ人《すけと》〟がいないと経営ができなくなります。

その前の段階として、確かに、銀行などが代役をしてくれることがあります。「工場を拡張したい」とか、「生産ラインを拡張したい」とかいうようなときに、銀行に融資を受けに行きます。書類をつくって持っていき、社長が自ら説明します。

内部に「財務の部分」が育っていなくて、内部の意見が聞けない場合でも、銀行がその説明を聞いて融資しないのであれば、やはり、外部の意見として、「危険を感じている」ということなのです。このへんに関しては、自分は

「発展する」と思っているけれど、外部は「これは危ない」と見ているのなら、「なぜか」というところを考えなければいけないと思います。それを、さらに説得できるだけの技術が必要でしょう。そういうことが言えるのではないかと思います。

自分の力でない部分の影響による「運用」の難しさ

それから、財務で難しいのは、「運用」の部分だろうと思います。これはやはり、かなり難しいです。自分たちの力だけでは、どうにもならない部分があります。

例えば、急にアベノミクスみたいなものが始まったりします。民主党政権のときは駄目だったものが、アベノミクスみたいなものが始まる。小泉さんのときには、株価も上がって、「いい感じかな」と思ったら、しばらくして、急に民主党政権になる。途端に、株で運用していた人は、皆、ほとんど大損をしています。

これについては、補償《ほしょう》はされません。工場の廃液や原発事故で魚が獲《と》れなくなったり、空気が汚れたりしたら補償してくれますが、残念ながら、政府の政策によって株価が下がっても、その会社に対しては補償してくれません。非常に厳しいのです。

アベノミクスは、今、〝乗って〟います。けれども、皆、「乗っていいかどうか」を用心しています。これに乗って、そのまま行くと、もし政権交代になったときはどうなるかが、分からないからです。「あとが見えていればいいけれど、また元に戻ったらどうしようか」と、やはり、怖いことは怖いでしょう。

日経平均株価が一万五千円に上がっても、これがまた七千円台に戻ったら、また大損をします。政府は、「株価を、どんどん、もっと上げろ」などと言っていますが、「本当かな。どうかな」と、やはり心配するところはあります。

このへんも、見極めは難しい部分です。そうした、自分の力でないものも影響してくる場合や、外国の影響が出てくる場合は、やはり、かなり厳しいところがあります。

財務的思考から戦時の「消費」と「リスク」を分析する

アメリカで大恐慌が起きた翌年には、日本でも昭和五年不況（昭和恐慌）が起きています。この昭和五年不況から脱出するために、日本が満州に軍隊を進め、あちらのほうの鉄鉱石や石炭など、いろいろなものを手に入れようとして動いていったのです。やはり、そういう戦争の原因にもなるわけです。

戦争も、一般的にはインフレ要因ではありますが、戦争の仕方によっては、単なるインフレに終わらず、経済の「破壊」や「消滅」になる場合もあるので、非常に難しいところがあります。「第三国で戦争をして、消費が起きているときに、そちらに輸出して、どんどん儲ける」というのであれば、儲かる場合もあります。その国が金を払えない場合もあるので、それを国際的な金融機関が保障してくれるのであれば、儲かることもあるかもしれません。

しかし、戦時に売り込むリスクも、やはり起きるということです。戦時に儲かる場合もあるが、失敗もあります。これの見極めは難しいです。

私が会社にいた時代にも、アフガンの争いもあり、イランやイラクの争いもありましたが、実に厳しいものがありました。輸出をする場合は、書類はすべて外国為替部門に通ってくるので、分かっていたのですが、「戦争になる両方の国に輸出している」などという、恐ろしいことをやっていました。

トラックの輸出では、いちおう、民生用のトラックを輸出していることになっていますが、軍用に転用されているのは、とっくに分かっていたことです。敵同士に、ものを売っていたのです。両方とも、戦車の代わりにそのトラックを使い、機関銃を持った人が乗って撃ち合いをしているのは、分かっているのです。そして、ダイナマイトで爆破されて、消費が起きるので、また新しいトラックが必要になります。これで、両方にトラックを売っていたのです。

これも、「どこで逃げるか」という〝逃げどき〟があります。「ここで、もう多分、支払いが確保できない」と思うときには、逃げなければいけません。しかし、逃げる前は〝売りどき〟で、儲かる部分でもあるわけです。よそが逃げ始めたときに、最後の惜しいところが少しあり、そこで売り抜ければ利益が出る。早く逃げたほうが安全ではあり、逃げ遅れたら、全部〝焦《こ》げ付いてパー〟になるリスクはあります。そういうことを、会社がやった覚えがあります。

ジャカルタあたりで、トラックをたくさんつくっているのを、売ったことがあります。「敵国同士に売っているな」と思いながら、やっていました。しかし、逃げどきを誤るとアウトで、たいへんな焦げ付きを起こし、会社にダメージを与えることになります。こういう難しさは、今もあります。

今、安倍さんが、集団的自衛権について進め、その先には、外国に武器も売れるようにしようとしています。軍需産業を興すためには、そうしないと生産ができません。物が売れないなら、つくりません。コストを下げるためには、売れなければいけないでしょう。そういうことをやっていますが、「究極のインフレ戦略」としての軍事行動も考えているのかと、一部は思うところもありますが、あまり言わないようにしたいと思います。

過去には、朝鮮特需《とくじゅ》のようなものもありました。特需になる場合もあれば、そうならない場合もあります。現地の工場や会社など、いろいろなものが被害を受け、さらに国内のほうも、売掛金だけあって、取り漏《も》れるというようなこともあります。また、ODAで、利子はつかないものの、お金を外国に貸したつもりだったのが、結局、「ただ相手にお金をあげただけになった」ということも、結構あります。ないものは払えないので、踏み倒されることもあります。

そのような意味で、「財務的な思考」は、国のレベルから企業のレベル、小

●朝鮮特需　1950年(昭和25年)に勃発した朝鮮戦争によって、米軍による日本での調達が急増し、日本に好景気がもたらされたこと。

さなレベルまで、いろいろな意味で必要であると思います。

●ODA（Official Development Assistance）　政府開発援助。発展途上国の経済発展や福祉の向上のために先進工業国の政府 及び政府機関が発展途上国に対して行う援助や出資のこと。

5 「無《む》借金《しゃっきん》経営」と自助努力の経済

無借金経営ができるのは百社に一社もない

当会は、「無借金経営」ということをずいぶん言っており、事実上、九十九・何パーセントは完全無借金のかたちになっています。昔、借入金《かりいれきん》を起こしたときに、一部、長期の借入が入っていた部分が残っているとは聞いていますが、基本的には無借金で、資本金ゼロで始め、現在までやってきています。

幸福の科学学園を、中学と高校、それぞれ二つ建てたり、大学を建てようとしたりして、これで無借金でやっているというのが、銀行から見ると、よだれが出てきて、お金を貸したくなってくるのです。「お金を借りたい」というところには貸したくないけれども、「お金は要らない」というところには貸したいのでしょう。お金を貸して、「もっとやれ」と言いたくなるようですが、こういうときは危ないときなので、気をつけなければいけません。

松下幸之助さんも言っていますが、実際に、そのような無借金経営ができる会社は、百社に一社も、なかなかないと思います。七割が赤字というのでは、百社に一社もあるはずがなく、本当は、一万社に一社もあるかどうか、分からないでしょう。

「自己資本」をつくる性格が銀行の信用を得る

「無借金経営」でやる場合に、危機的な感じがするのは、ある程度利益が貯まって「自己資金」ができるまで、大きな設備投資や、人の採用、広告等はできないので、最初は、すごく後《おく》れるように見えることです。

事業をスタートするときに、銀行からパッとお金を借り入れしてスタートしたら、最初から会社としてスタートできるので、非常に速く見えるのです。「うさぎと亀《かめ》」のうさぎに見えるわけです。「お金を貯めてからやる」というのでは、亀さんのようで、「なかなか事業になりませんね」という感じがします。

昔の通常の考えは、だいたい、三年ぐらいで返済するつもりで銀行から融資を受け、それを使って人を雇い、事務所を借り、事務所の机や商品を仕入れたりして、会社を始めるのです。「三年以内に採算が取れれば、銀行にも返済ができ、あとは会社を大きくしていける」というような考え方をするのが基本です。

しかし、例えば、銀行から三千万円の融資を受けて事業を開始するとして、この三千万円の融資を受けるに当たり、銀行は当然ながら、「今、手持ち資金は、どのくらいありますか」と訊《き》いてきます。当然、全額は持っていないから融資を受けるわけですが、「どれだけ持っていますか」と訊かれ、「持っているお金は五百万円です」と答えたとします。

すると、当然、「その五百万円を、どうやってこしらえましたか」と訊いてきます。「いろいろと、このような商売をし、貯金をして、今まで貯めたものです。あと、残りの二千五百万円が足りないので、融資をお願いしたいのです」と言う場合と、「この五百万はどうしたのですか」と聞かれたときに、「はい。親戚《しんせき》から借りました」「親父《おやじ》から借りました」「自分の自己資金はありません。」と言う場合と、どちらのほうに融資をするかと言えば、もちろん、自分で五百万を貯めた人のほうに融資をするわけです。

無借金経営であれば、本当は三千万円を貯めてやるべきなのですが、そこまではできないにしても、多少なりとも、自分なりに、スタート資金を貯める努力をした人、節約すべきは節約し、利益を上げるべきものは利益を上げ、効果的な仕事をして、努力して元手《もとで》をつくった人のほうが、「信用」は高いのです。

銀行から借金をするにしても、やはり、そうした元手の部分を自分の仕事でつくってきた人、あるいは、会社勤めをして貯めた資金があるような人のほうが、基本的に「信用」は高いのです。そういうことと関係のないお金、つまり、よそから借りてきたり、いろいろ融通してもらったお金を使う人というのは、「基本的に才能がないかもしれない」という疑いは残るわけです。だいたい、潰れる可能性があるということです。

余分なものには使わないで、貯蓄をし、資本金をつくっていくようなタイプの人は、信用するに足るので、銀行は貸す傾向が強いということです。

ですから、無借金経営はできないまでも、「できるだけ自己資本をつくっていこう」という気持ちを持っている人には、融資は出やすいということは言えます。

これは、「性格」です。その「性格を見分ける」ということです。最初から、他人のふんどしで相撲《すもう》を取ろうとしている人は、経営者としては危ないのです。

「アイデアが閃《ひらめ》いた。これは絶対当たる」と言っていても、自画自賛しているだけのこともあります。客観的に当たるかどうかは分かりませんし、十分に調べているかどうかも分かりません。そういうことが言えるのではないかと思います。

ケインズ経済学は「不況脱出法」

今は、完全無借金は無理かもしれませんが、金利も安いので、借金をして事業を起こしやすい状況にはあるわけです。しかし実際上、政権が思うようには、企業がいっぱい起きて大きくなったりは、なかなかしません。

昔で言えば、こんな低金利の時代は、本当に夢のような時代です。このような低金利で高度成長を興せるのなら、本当に資金調達が楽で、ちょっとした商売でも、すぐ利益が出るでしょう。

実際上、銀行の利子よりも高い利益を出さなければ、借入金は返せません。ですから、金利が低いというのは有利なことです。それでもお金の借り手がないということは、先行きに対して、「非常に見通しは厳しい」と見ているということです。

これは、「マクロ経済」と「ミクロ経済」の見方で、少し問題があるところがあるのです。ケインズ経済学●などは、だいたい大学でも教えていますし、役所の人も、ほとんどケインズ経済学でやっていると思います。今もそうだと思います。

ケインズ経済学というのは、簡単に言うと、彼が説いたのは、経済学全般で

●**ケインズ経済学**　英国の経済学者ケインズが発表した経済学で、「不況や失業を克服するためには、政府が積極的に経済に介入するべきである」と主張するもの。

はなくて、不況からの脱出法については、いちばん強いところだと思うのです。第一次大戦後の不況が来たときに、そこからどうやって脱出するかを考えたあたりが、ケインズ経済学の真骨頂《しんこっちょう》が現れているところです。そのときに、今の政権もやっている、いわゆる「政府の財政出動による不況からの脱出」を考えたわけです。

一般に、お金を持っていて、「投資をしても、将来においてそれが利潤を生まない」場合、人は投資を控《ひか》え、貯蓄に回すようになります。

投資をしないで貯蓄のほうに回すようになってくると、実際、物を買ったりしなくなるので、消費行動が落ちてきます。当然、物が売れなくなっていくので、失業者が増え、不況がやってくるのです。

それを救済するには、政府が「財政出動」するしかありません。そのようなときには、「国債であろうと何であろうと、政府が資金を集め、パーンと財政出動することで、急に失業者は救済され、仕事が立ち上がってきて、好況の循環に入る」というわけです。

いったん好況の循環に入った場合は、お金を投資すればその企業は成長するし、高い物を買っても値上がりします。土地を買っても値上がりします。いろいろなものの値段が上がってきます。こうした先行きが見えていれば、使えば、それは必ず実を結ぶようになるわけですから、人はお金を使うようになるわけです。

ケインズ経済学に見られる「罠《わな》」と「麻薬」

不況から脱出するには、そのように貯蓄性向が高いことは危険であり、消費を高めるための手を打たなければなりません。

実は、ケインズのいちばんの矛盾は、ここにあるのです。

「そうした危機の時代の短期間、数年ぐらいの不況期や大失業期から抜け出すためには、政府が投資を増やし、財政赤字を起こしてでも、失業者を事業に吸収して、好循環をつくっていくようにやるのがいい」という考えは効《こう》を奏《そう》し、実際に効果が出ました。ですから、一時代前までは全部、「ケインズ経済学一色」になっていました。

しかし、問題は、ケインズ自身の本のなかにすでに書いてあるのです。人が、持っているお金を貯蓄に回さずに投資をするのは、実は、「将来、その投資が利潤を生む」という期待があればこそなのです。「将来的には、金利が上がっていく」「インフレ傾向になってくる」「物の値段も上がり、値打ちが増えてくる」という状態なら、そうなるわけです。

しかし、不況から脱出するためには、今度は、金利を下げなければなりません。金利を下げなければ不況から脱出できないので、今も、低金利政策が続いています。

低金利が続いていくと、実際、お金の調達は容易なのですが、投資をする人がいないわけです。「投資をしても、果実を生まない」ことを意味しているのです。ですから、投資をしません。人は、もっと不況が来た場合に困るので、貯蓄をしたくなってきます。貯蓄をして、お金を手放さないようになるのです。

そうすると政府は、個人が貯蓄に回って資産防衛に入るので、これに税金をかけるようになります。絶対に逃げられないような「消費税」をかけたり、「財産税」や、高級品を買ったときの「贅沢《ぜいたく》税」のようなもの、あるいは「相続税」をかけたりします。いろいろな税金をかけて、民間が貯蓄したがっているものを強制的に吸い上げ、「政府のほうが代わりに使ってやる」ということで、政府がお金を集めてパーンと使うようになるのです。ここで、「大きな政府」が出来上がるわけです。そうすると、財政赤字は、だんだん増えてくるようになります。

それは、本当は不況から脱出するための一時的なものでなければいけないということは、ケインズも十分知ってはいたのですが、結果的に、これは止まりません。そして、好況期には、入っただけの税収を全部使い切ってしまい、不況期には、さらに借金をしてでもお金を使わないと好況にならないということで、やはり、借金が先行します。これは、「民主主義の罠」です。財政的な「罠」であり、必ず付きまとうものです。

一九八〇年代の中曽根《なかそね》政権の時代に、土光臨調《どこうりんちょう》と言って、財政再建を一生懸命やっていました。当時の国の債務は百兆円あり、天文学的だと言われていたのですが、今は一千兆円で十倍になっています。土光臨調によって、その債務を減らそうとしたのに、今はなんと、その十倍になっているのです。ですから、いかに難しいかということがよく分かります。

ケインズ経済学の、「投資をして不況から脱出する」という考えも、一種の〝麻薬〟のようなもので、麻痺《まひ》するのです。これをいったんやると、面白くて

●**土光臨調**　土光敏夫が会長をつとめた第二次臨時行政調査会の通称。1981年（昭和56年）に設置され、1983年（昭和58年）まで、「増税なき財政再建」の方針のもと、行政組織の見直しによる歳出削減、三公社の民営化などを推進した。

やめられないのです。政府がお金をばら撒《ま》けば、票にもなるし、人気は上がります。仕事にはありつけるし、給料は上がってきます。それはもう、面白くてやめられません。ところが、国は「財政赤字」になってきます。これをどうするかは、難しい問題です。

ハイエク流「小さな政府」と資本主義精神

このように、ケインズの時代には彼に〝負けて〟いましたが、しかし、これに対し、あとからハイエクが出てきて、「そのような官僚統制型のものは、結局において失敗する」と言いました。それは結局、民間における力を削《そ》ぐことになるのです。やはり、基本的には、「自主的に、創意工夫を凝らして利益を上げ、会社を発展させていく」というほうに、資本主義の原理はあるわけです。「政府が公共投資をし、政府から仕事をもらって、それで食っていく」というのは、一種の補助金で食わせているのと一緒ですから、年金をもらっているのと変わりません。「年金で食っているのを、売上があるように思うのであれば、間違っている」ということでもあるのです。

ですから、ハイエク風に言えば、「小さな政府で、最小限の法律をつくり、それ以外のところは自由にやらせてよろしい」ということです。「それで生き残って、大きくなってくるところが本物だ」ということです。こちらのほうが、基本的には資本主義の精神に合っていると、私は思います。

いまだに、「ケインズ型」はなかなか、完全には捨てきれませんし、短期的には、やはり効を奏します。特に日本のように、政権が一年や二年で替わるようなところは、短期間で効果が出なければ支持率が変化しないので、「ケインズ型の経済」が、なかなかなくならないということは、あり得ます。

二宮尊徳《にのみやそんとく》風に、「自分で稼《かせ》いでお金を貯めて、大きくしていく。質素倹約《しっそけんやく》してやっていく」というのが基本ではあるのですが、なかなかできないものだということです。

6　会社を潰さないための「財務の仕事」

トップが「奢侈《しゃし》」に走ると会社が潰れる

会社の社長が倒産を起こすような場合というのは、「トップ一人に、全部がかかっている」と私は言っています。要するに、道楽《どうらく》が過ぎたり、無駄金を使ったり、虚栄心が強かったり、名声欲が強くなったり、そのような奢侈に走り始めると、だいたい潰れるのです。

特徴的には、「公私混同」が強くなってきたら、やはり倒産が起きます。ある程度は役得というか、努力して大きくなってきたら、威張《いば》りたくなるのは当然でしょう。会社で偉くなった人たちも、多少のフリンジの部分というか、周辺部分がよくなったりするのは、当然のことかとは思います。

しかし、会社が赤字転落の危機になったり、あるいは、すでに転落していて、銀行から融資を打ち切られるようなことになれば、今度は、無駄なものを切り落としていくことをやらなければいけません。

これが、なかなかできないのです。いったんついた習慣を変えることができないので、無駄なものは切り落とせないようになるのです。例えば、接待ゴルフ等をやっていたならば、「今までの習慣なので、これをやめたら、取引先が、もう取引をやめるかもしれない」という恐れがあって、いくら「やめろ」と言われても、やめることができません。

また、新橋《しんばし》で芸者を上げて、遊んでいるのか接待しているのか分かりませんが、そういう習慣があっても、それをやめて、もっと安いところに落とし、「新橋をやめて五反田《ごたんだ》にしましょう」などと言えば、向こうが急に怒るかもしれません。

奢侈のようなことに対しては批判的なマスコミであっても、景気の良かった頃には、「朝日新聞には、お帰りのときにはハイヤーを呼んでお帰しする。ハイヤーではなくタクシーで帰したら、怒って悪口を書かれる」ということで、取材を受けた側がハイヤーを用意していました。ほかの新聞社はタクシーで構わないのですが、「朝日新聞にはハイヤーを用意しないと、悪口を新聞に書かれる」というのです。企業でも、社長の悪口や、「この企業は今後、危ないかもしれない」などということを書かれたら、大変なことになります。政治家の系統もそうでしょうが、ハイヤーを手配しなければいけないというようなときもありました。

今は、必ずしもそんなことはないとは思いますし、私は経験していませんので知りませんが、料亭でマスコミと会って話をするようなときに、「そのような影響力が大きいところは、それなりに接待しないと悪口を書かれるという恐れがあるので、そうしていた」というようなことも、あったかもしれません。それによって、「ちょっと攻撃を緩《ゆる》めてやろうか」というようなことがあり、「格としてはハイヤーが当然である」と。「タクシーだったら、あとはもうボロクソに書かれる」というようなことも、あったと聞いています。

「交際費」や「遊休財産」など、削《けず》れるものは削り、借金を減らす

マスコミでもそのようなことがあるくらいですので、取引先の接待のレベルを下げたら、それは、たぶん怒るでしょう。安い店に変えたり、「今は厳しい均衡経営に入ったので、管理部門は接待費がゼロになりました」「自腹《じばら》を切るしかなくなりました。」というような感じに、だんだんなってきます。

そのように、「管理部門」といわれる人事・総務・財務・経理・秘書などの部門の、交際費のようなものが、好景気のときにはあるのですが、これが、まず消えます。

営業部門は、課長レベルで、だいたい五十万円ぐらいは交際費として持って

いました。給料が五十万円くらいか、もう少し多いくらいの人で、だいたい五十万円ぐらいは会社の経費が使えていたと思います。

次は、こちらも、経理あたりが〝ギャーギャー〟言って、削り始めてきます。だんだん、だんだん、削っていきます。「いや、うちは削ったら、もう注文は取れん」と言う営業部門と喧嘩《けんか》しながら、削っていくようになります。

あとは、会社が持っている「遊休財産」の切り売りです。財閥《ざいばつ》系の企業などで、お金が貯まってくると、だいたい、どこでも、迎賓館《げいひんかん》のようなものをたくさん持っていますので、次は、それを切り売りし始めます。

当会の北海道正心館は、北海道拓殖《たくしょく》銀行の、行員の研修施設だったものです。一等地にあったものですが、拓銀《たくぎん》が潰れたので、当会が買ってしまいました。近くにあるキリスト教会は、一円募金みたいなことを始めて、一年後に満額を集めてそこを買い取ろうとして貯金をしていたら、当会に即金で買われてしまったので、悔しい思いをしたようですが、それは企業力の違いなので、仕方がありません。

それから、沖縄には沖縄正心館がありますが、日本銀行も、沖縄のいいところのビーチに、社員の保養所を持っていましたけれども、売りに出していました。日銀でさえ、財産処分をする必要があったか分かりませんが、政府に対するけじめのようなものは要《い》ったのでしょう。あるいは、他の銀行や、いろいろな会社に対する、経済界のリーダーとしての、けじめでしょう。

他にも不要不急のものとしては、たとえば社長がクルーザーを持っていて、週末にはカツオ釣《つ》りに行ったりするのを楽しみにしているのであれば、「もう、クルーザーは売り飛ばしなさい」などということです。

このように、「財務部門」と「経理部門」が合体して、いろいろなことを考え、自分で削れるものを削れば、その分で、費用は捻出《ねんしゅつ》できるわけです。借金は必ず減るものなのです。そうやって、急には要らないものを削っていけば、借金を減らしていくことはできます。千円からでも一万円からでも、減らしていくものは減らさないと、潰れます。

潰れるところは、たいてい皆、借金を持っています。借金なくして潰れるというのは、なかなか難しいことですので、まずは借金を減らしていく努力をしなければいけません。これも、財務としては、非常に厳しいことだと思います。

借金を「返させない」ようにする銀行との交渉

銀行からの借り入れでも、大きな会社になって、何十行もの銀行から協調して融資を受けているような場合は、借りるときも大変ですが、返すときも大変なのです。「この借金は要らないので、返したい」と言っても、今度は銀行のほうが、返させないのです。

「ええっ？　返してもらったらうれしいのでは？」と思いますが、そんなことはありません。銀行側は、「うちは、預かっている預金に利息を払わなければいけないので、利息以上の利益が上がらないと、銀行だって潰れるんです。だから、困るんです。借り続けてください」というわけです。「もし、今返すのなら、今度、『金が要る』って言われても、貸しませんよ」と、こう来るわけです。

「いや、こちらは利息を払いたくないから、もう借金を返したい」と言っているのに、「今返すんだったら、この次、工場を建てるとか言っても、もう貸しませんよ。それでもいいんですか。うちは、預金に利息を払わなければいけないので、こういう不況期になったら、大口先には借りておいてもらわないと困るんです」というわけで、要らない金でも借りさせられるのです。

・「歩積《ぶづ》み・両建《りょうだ》て」とは何か

ここは銀行との力関係になるわけですが、このへんが、財務マンの仕事の仕方です。銀行と、借金の条件をどう改善するかについて、「レートを下げる」「借入金を下げる」「返さないまでも、借金の利子を下げる」などの交渉をするのです。

あるいは、「歩積み・両建て」と言って、銀行は、例えば十億円を貸しても、実際は十億円をそのまま使わせてくれないことが多いのです。企業に貸す場合であれば、例えば十億円を貸したら、銀行が「三億円は、預金で、ずっと置いておけ」と言うことがあります。銀行のほうが力関係で強い場合であれば、十億円を貸して、「半年間は十億円を、そのまま預金で置いておけ。半年後に使わせてやる」と、こういうことを平気で言うわけです。

私が商社の財務部門にいたころは、銀行は、十億円を貸したら、だいたい三億円ぐらいは、「定期預金で置いておけ」と言うわけです。そうすると、定期預金の部分には確かに利子はつくのですが、実際上は使える額が十億円のうち、七億円しかありません。

もし、利子の表面レート（金利）が四パーセントなら、「十億円を四パーセントで借りている」ように思っても、本当は借りているのは七億円であるわけです。それなのに、十億円分について四パーセントの利子がかかっているわけですから、「四パーセント×七分の十」（五・七一パーセント）の利子を、実際は払っているわけです。

それに対して、その定期預金の利息部分だけは、多少は入ってきますから、その部分だけを差し引いて、残りの、「支払わなければいけない部分」の金額を割って計算したものが、「実質金利」とか「実効金利」と言われるものです。

実際の金利がいくらなのかは、技術系の社長や営業系の社長は知らないことが多いのですが、銀行は、表面金利だけを低く見せて貸していることが多いので、ここを知らなければいけません。

実際に使える金がいくらなのかを見てからでないと、本当の金利計算はしないことです。例えば、銀行金利が四パーセントで、商売で五パーセントの利益が出たら、「一パーセント儲かっているので、黒字だ。いける」と思っても、表面レートは四パーセントでも、先には使わせてくれない金額があるとしたら、実際上の実効金利は六パーセントあるかもしれません。そうしたら、六パーセント以上の利益率がないと、その商売は「赤字」だということです。「黒字」だと思ったところが、赤字である。ここで間違いが起きるので、気をつけなければいけないということです。

・借金の「長期と短期」の金利比率のバランス

それから、長期で借りた場合は、以前ならリッキー●とかワリコーのような金融債券があったように、何かそういう債券と連動している場合があります。いったん、五年物を借りたら、それが、五年物の債券などと連動していることが多く、「もう貸出金利の利下《りさ》げはしません」と言っているような銀行が多いのです。

この、「利下げはしない」ということは、理論的にはそのとおりなのです。「これは、銀行の運用実績に合わせて貸しているわけですから、利下げはしません」というわけですが、実質的には金利がどんどん下がっているときに、高

●リッキー、ワリコー　日本の銀行がかつて販売していた金融商品。

金利で借り続けているというのは、やはり、馬鹿みたいな話です。ほかが、ものすごく安い、タダのような金利で借りられるときに、高い金利がずっと、五年間も七年間も十年間も残っているというのは、たまったものではありません。ですから、どこかで交渉しなければいけません。

このへんが財務部門の仕事であり、交渉して、「長期の借金」と「短期の借金」の比率を変えるわけです。詳しく知らない人であれば、「長期で借りられる分が多いほうが、企業として安定する」と思うのですが、普通は、長期の金利のほうが高いことが多いのです。短期金利のほうが、一年くらいで返すけれども、利子が安いことが多いのです。

ですから、会社の財務部門は、「長期と短期の比率をどのくらいにして、トータルの借入金利をどのぐらいにするか」を計算し、それを自分の会社の商売に当てはめて、会社の商売の利益がどれだけ出ているかによって、「もとが取れるかどうか」の計算をしなければいけないわけです。そういう、長期と短期の比率を変えたりする操作をしなければいけません。

「財政再建型」になった場合は、「直間比率《ちょっかんひりつ》」を見直す

そうした「財政再建型」になった場合、財務と経理の両方で、そのほかにやらなければいけないことは、まずは、「直間比率」を変えることです。社内の間接部門の比率を下げて、直接部門のほうを増やさなければいけません。

「直接部門」というのは、営業部門や製造部門などです。実際に、売ったり、つくったりしているようなところです。「間接部門」というのは、財務・経理・

人事・総務・秘書等のところです。本社に〝溜《た》まっている〟部門と思えばいいでしょう。

安定経営をしている場合は、普通は「三対七」ぐらいです。間接部門が三割ぐらいいて、直接部門が七割です。財政再建をする場合には、その三割の間接部門を二割に、二割を一割にと、だんだん減らしていき、営業に出すのです。

当会も、やったことがあります。一九九一年に「会員サービス部」というものをつくり、本部に溜まっている人を、「リュックを背負って、経典を頒布《はんぷ》しに行け」と言って送り出し、業績の悪い人はリストラに遭《あ》うという、〝恐怖の体験〟をさせたことがあります（笑）。

当時は、紀尾井町《きおいちょう》ビルという、ワンフロアが年間で三億円もかかるところを借りていたのですが、さらに人数が増え、ワンフロア半を借りて、四億五千万円にもなりました。「いいビルだ」と言うので、地方から皆、来たがり、「研修」と称して、本部に人が溜まりに溜まり、職員が千人少ししかいないのに、四百五十人も本部にいたのです。直間比率的に言っても、四割ぐらいは本部にいるような感じになっていました。

この人たちは、実際上、会員さんと接していないので、収入にはならないのです。昔から、よく、「本社を大きくしたところは潰れる」と言うのは、このことです。リクルート社も、「銀座に本社を建てたときに潰れかかった」と言われています。それだけが原因ではありませんが、やはり、本社を大きくすると、そこに間接要員が大勢、溜まってくるのです。営業をしないでいられる人がたくさん出てくると、潰れやすいということです。

そういうときには、まずは、「現場に出すこと」です。実際に、売ったり、収入を上げたり、依頼したりする人、運動員や活動家を増やすほうにシフトしなければいけなくなります。そういうことが、内部の操作としてはあるのです。

7 「財務的思考」の厳しさ

財務的判断は「鬼手仏心《きしゅぶっしん》」の心得で臨《のぞ》む

「成長する場合」のやり方と、「退却戦」をやらなければいけない場合のやり方と、両方について話しました。財務は、両方に絡《から》まなければなりません。

野球でたとえるなら、この「財務部門、あるいは経理も含めた財経部門」が〝エラー〟をしたら、外野がエラーをしたのと一緒で、もはや、必ず敵の側の得点が入り、「負け」になります。財経部門は、〝トンネル〟をしてはいけないということです。

特に財務部門は、勝てるときには、戦略的に攻め込まなければいけない部分もあります。銀行から借り入れている資金であっても、どこに資金を投下するかを考え、傾斜配分をしなければいけないのです。

「不採算部門」は、やはり縮めていかなければいけません。「不採算部門」は削り、人員も「採算部門」のほうに移動しつつ、資金も、伸びるところに投資していく。これは、財務的な判断です。こういうことを、やらなければいけなくなるということです。

実に、「鬼手仏心」という感じがします。心は、「会社が生き延びてほしい」という仏心《ほとけごころ》でやっているけれど、手は、鬼《おに》のごとく、厳しい手を打っていかなければいけないところがあります。手術する外科医のような部分があると思います。

時には「トップ」に対して意見を言う必要もある

トップに対しても、意見を言わなければいけないときもあります。

当会の最初の財務局長になった人は、関西方面の地方銀行の支店長をやっていた人でした。紀尾井町ビルに入ったあとぐらいだったと思いますが、その人が総裁室にコンコンとノックして入ってきました。「何だろう」と思ったら、私のところに何かの本の代金の領収書を持ってきて、「先生、この領収書には『上様《うえさま》』と書いてあります。『上様』では経費で落ちません！　『大川様』で取ってください。『大川様』で取らない限りは、経費として認めません」と、こう来ました。

「うーん、言ったな」と思いつつも、まあ理論的には、おっしゃるとおりです。もう少し大きな組織のやり方を知っていたら、そういうことは内部の信用で処理できるものもあり、税務署も、そこまで細かく言わないところもあるのですが、銀行の支店のレベルであれば、実際、そのぐらい細かいでしょう。「『上様』で取った以上、先生の落ち度ですから、これについては経費として認められません」と言うので、何千円か払った覚えがあります（笑）。

そういう細かい話もありますが、それが「基本」であることは確かです。経費は経費として、公的に認められる手順を取らなければいけないということもあります。

そのように、上に対して物を言わなければいけないものも、たまにはあるのです。

企業人にとって、赤字は「罪悪」である

もちろん、全体の経営とのバランス上の問題もあります。無駄のように見えても、将来のための、いろいろな研究開発や、フィールドを広げるためにやっているものもあります。どちらとも言えますので、そのへんの裁量は、極めて難しい経営的判断が加わります。どちらとも言えない、いろいろな経費は、「赤字」になってくると、認めるのは厳しくなってき始め、「黒字」になると、経費として認める幅が広くなるということです。

当会であれば、例えば、映画をつくっています。「総裁が映画を観にいく代金を、経費として認めるかどうか」というのは、当会のつくっている映画が黒

字事業として続いている間は、認めてもいい可能性はありますが、赤字事業だったら、「これは道楽ですから、自腹を切ってください」ということで、経理のほうから返金を求めるということは、ありえるわけです。

実に厳しいのです。「赤字」か「黒字」かで善悪が決まって、経費になったり、経費にならなくなったりすることは、あります。現実に、裁量の範囲としてはあることで、しかたがないところです。

赤字は「罪悪」なのです。犯罪だけが罪悪ではありません。企業人にとっては、赤字は罪悪であり、赤字になったら、〝刑務所〟に入れられようと、何をされようと、〝殺され〟ようと、しかたがないのです。そうした〝厳しさ〟は、あるということです。

財務の基本は、「入《い》るを量《はか》って、出《い》ずるを制す」

「財務的思考とは何か」について、概論を話しました。

全体について、いろいろなことを話しましたが、財務の基本は、「入るを量って、出ずるを制す」ということです。入《はい》るお金のほうを多くして、出ていくお金をできるだけ抑える。これが基本であり、国家経営も、ほんとうは、要諦《ようてい》は同じなのです。

小さな会社を起業して、まだ五人、十人、二十人、あるいは五十人ぐらいでやっている方は、これからあと、私が今言ったようなことが関係してきます。

こうしたことを、あらかじめ知識として知り、もう少し具体的なことを勉強しながら、会社を大きくしていかなければいけないということです。

以上の話で、財務についての全般的なところは、だいたい終わったと思います。他に何か、プラスアルファで訊きたいことがあれば、お答えします。

第2章　質疑応答

二〇一四年七月四日

東京都・幸福の科学総合本部にて

「有効で積極的、かつ認められる投資」の見極め方は

質問者　大田《おおた》薫《かおる》（幸福の科学専務理事 兼 財務局長）

大田　本日は、財務部門のバイブルとも言えるようなお話をいただき、本当にありがとうございました。

「生きたお金の投資の仕方」と言いますか、使い方についてお伺《うかが》いいたします。

「お金は、集めるよりも使い方が難しい」と教えていただいています。

昨今の日本の状況を見ましても、なかなかアベノミクスの効果も、まだ出ないような状況です。リチャード・クー氏なども指摘していますように、バランスシート不況と言いますか、企業のバランスシートが毀損《きそん》していて、投資に向かわないというような状況にあります。

そうしたなかで各企業が、合理化したり、経費削減したりしていますが、将来の発展を見たときに、「積極的な投資」というものが絶対に必要になってくると思います。「その投資が有効であるか。積極的であり、認められるものかどうか」の見極め方について、改めてご教示いただければありがたいと思います。

また、経営者に向けて、「収入」と「利益」と「投資」の適正なバランスの見極め方も、何かアドバイスいただければありがたいと思います。

●バランスシート不況　「資産価値が暴落するなどして、バランスシートが悪化した企業は、財務内容を改善するために収益を借金の返済に充てるようになり、日銀が金融緩和を行っても、お金を借りて設備投資などをしないため、経済が縮小して不況が起きる」というもの。

今は「資本主義の危機」の時代

大川隆法　このへんについては、九〇年代から急に、「グローバルスタンダード」と言って、財務の基本的なバランスのところが言われ始めました。「銀行の自己資本比率が何パーセントを切ったら駄目だ」というようなことが（BIS規制）、全世界的に流行《はや》ってき始めて、それが不況を増加させた面もあることは事実です。

銀行が自己資本比率を高めようとしたら、貸出金が、だんだん減って来るようになります。不良債権も削ります。財務内容をよくしようとだけすると、そのようになってきます。銀行が自己保身のほうに走ってきたら、ベンチャー的

● BIS規制　バーゼル銀行監督委員会が公表した「国際業務を行う銀行に課した自己資本比率規制」のこと。日本を含む多くの国の自己資本比率規制として採用されている。

な企業や、まだまだこれから苦労をしながら伸びていくような企業は、大きくならないように思います。

そういうことがあったので、あれには、非常に〝危険な罠〟が一つあったと思います。政府が十分に見抜けなかった部分があります。

今のＥＵ（欧州連合）なども、やはり同じだと思うのです。ドイツがＥＵの中心にはなっているのでしょうが、債務《さいむ》超過《ちょうか》になっている国に対する融資条件として、やはり、「国家の債務の削減」が前提になっています。「債務削減をしなければ融資しない」ということになっていますが、融資を受ける前に債務削減をしているうちに、失業者がどんどん増えていくので、暴動が増えたり、いろいろなことが起きている状況です。あの考えも、難しい考えであると思います。

「国家の財政がよくなったら融資する」と言われても、そのころには失業者が増大して、もう〝死に絶えている〟可能性もあるのです。これが正しいかどうかは、若干《じゃっかん》、難しいところがあります。

今、資本主義の危機に、陥っていると思います。資本というのは基本的に、先ほども言いましたように、「利潤を生む方向」でなければ発展しないものです。

「バブルか、そうでないか」の見分けが大事

明治、大正、昭和、平成と見て、やはり、いろいろなものの規模は大きくなってきています。「バブル」という考え方に、一分《いちぶ》の理はあるけれども、基本

的には、大きくなってきた歴史であるのです。何千倍、何万倍、それ以上の天文学的な大きさになっています。

日露戦争の戦費も、億単位の話だったと思います。今であれば、宝くじで十分です。有楽町で売っている宝くじで一等を一本当てたら、日露戦争ができたと思われます。全然、桁《けた》が違っています。

このように、全体には大きくなっているので、このへんはやはり、見落としてはいけないのです。「バブルか、そうでないかの見分け」は、大事であると思います。

今、アベノミクスが流行っていますが、民間の投資がそれほど増えているかと言えば、基本的には厳しいので、国家がリスクを取って投資を促進しているというのが、原則かと思います。先ほど言ったように、国家が税金を取って、「お前たちは投資する自信がないだろうから、国家が代わりに投資してやる。自分たちで採算をとる自信はないだろう。国家は、潰れたあとは知らないけれど、潰れるまでは赤字でも大丈夫だから、国家が代わりに投資してやる」ということです。

それから、第三国です。中国は危険があるので、中国から、ほかの国に工場などをシフトしなければいけないのですが、いろいろなところに、リスクがたくさんあります。タイで軍政が復活するようなこともあるし、ミャンマーやラオスなどでも、インドネシアあたりでも、危ないこともあります。宗教戦争もあれば、いろんなゲリラも出てきたり、今は、いろいろなところがあるのです。

民間は、やはりリスクにかなり左右されるところがあるので、政府主導型のものが非常に大きくなっている面はあります。

ですが、「笛吹《ふえふ》けど踊《おど》らず」です。政府が「好景気だ」と一生懸命言って、お金を使って、〝花咲《はなさ》かじいさん〟をやってはいますが、民間は必ずしも、それに乗っているとは言えない状況です。小泉改革のあとで落ち込んだのが、皆の記憶に新しいので、「また何年かで変わるかもしれない」と思っているところはあります。

リーマン・ショックに見る「資本主義的発展」の限度

全体的には、大きく発展していくのが「資本主義の流れ」ではあったのですが、これにも限度があることも事実であり、そこが難しいところです。

二〇〇八年のリーマン・ショックのように、ノーベル賞級の頭脳の人たちが、

●レバレッジにレバレッジを利《き》かせて「不良債権を隠す手法」をたくさん考え、いろいろなところに散らして複雑に組み合わせたら、どこの不良債権か分からなくなってきます。どこのものか分からないために、結局、発見できないので、その売り買いが成り立つようになったというようなことでした。不良債権を細かく「飛ばし」ていき、それを売り買いしたのです。

本当は、不良債権であれば当然、誰も手を出さないものが、いろいろなものと組み合わせて分からなくしてしまう。頭が良すぎて、そのようにしたために、ものすごく大きな信用を膨《ふく》らませて創造し、その結果、最後は、ノーベル賞を取ったような人が何人もいても、潰れるときには潰れたのです。無理はあるのかなと思います。

ポップコーンは膨らみますが、限度はあります。少ないもとが、ポーンと大

●レバレッジ　投資において、借金などの信用取引や金融派生商品などを用いることにより、手持ちの自己資金よりも多い金額の取引が可能になる仕組みのこと。

きくなって、今は、バケツみたいな入れ物にたくさん入るようなポップコーンが出ています。あのくらいまでは大きくなるけれど、部屋いっぱいまでには、やはり、ならないのです。その限度は、いちおうあるわけで、このあたりの見極めは難しいところです。

頭のいい人が、ごまかせばできるかと言えば、そうはいきません。先ほど言ったように、「飛ばし」のようなことをしていたのも、たぶん、「飛ばしているうちに、景気が回復したらもとに戻そう。一、二年逃げれば、景気が循環するので戻る」と思ってやっていたのでしょうが、景気が戻らなかった場合は潰れるということです。確かに、循環があり、そのときだけ逃げればなんとかいける場合もあったので、気の毒には違いありません。

山一証券《やまいちしょうけん》なども、倒産の当日の午前中に、社員は自分の貯金をはたいて自分の会社の株を買っていたというのは、本当に涙が出るような、かわいそうな話です。社長が涙の会見をしましたが、その通りでしょう。倒産することを知っていたのは、上層部の四、五人だけで、あとは知らなかったということです。会社を何とか支えようとして、株を買っていた社員は、午後に倒産するとは知らなかったということだったのです。

投資が「本道」から外れていないか

大きなマクロの流れは、なかなか読みかねるので、〝追い風〟が吹けば、それに乗っていくのはよいことですが、「それが止まったとき、あるいは逆風が吹いたときにも潰れない経営」というものは、常に念頭に置いておかなければいけないと思います。

それを思った上で、〝順風《じゅんぷう》〟が吹いているように見えるときには、先ほど言ったように、よそが儲かっているときに何もしないと、「これでいいのか」という気持ちが起きないわけではないでしょう。どうしても投資して利益を膨らませたいときも、実際にはあります。

そのときには、やはり、「三分割法」が基本原則です。

今、百億円なら百億円を持っていたら、それを三分割して、そのうちの三分の一ぐらいは、本当にいざというときのために、きちんと取っておかねばなりません。次の三分の一ぐらいは、使うにしても、会社の本当の実需《じつじゅ》に関連した、必要だと思われるようなものに使っていくのはよいでしょう。

しかし、本当の意味で「金儲けをしてやろう」と思って使っていいのは、三分の一が限度であると言われています。いちばん会社が倒産しにくいのは、この限度の範囲内なのです。「半分を超えて投機をし始めると、潰れる可能性がある」と言われています。それが全部パーになったとしても潰れない範囲で、投機はしなさいということです。

先ほど言ったように、隣の人がマンションを買って、「一年で一億円儲けた」などと言われたら、やはり、たまらない感じはします。けれども、確かに、「それをやると本業を見失う」ところはあるのです。

当会でも、建物を建てると、美しいギリシャ建築風のものが建つので、周りの地価が上がることが多いのですが、それで儲けるようでは、基本的には宗教の本道から外れるでしょう。「できるだけ美しい建物を建て、値上がりしたら売り抜いて儲ける」などというのは、宗教ではなくて不動産業です。これは基本的なミッションから外れるので、やってはならないことでしょう。そのへんの、「本道から外れないかどうか」ということがあります。

宗教団体であっても、例えば、余っている土地で幼稚園を開いたり、駐車場をやったり、一部、マンション等も、やってもいいことになっています。宗教がやってもいい関連事業が、いくつか例示されていますが、一般の人からの目線で見て、あるいは信者の目線で見て、許される範囲内の運用であると思われるようなことであれば、いいと思います。

「公益性」の観点から「事業の是非」を点検する

例えば、当会の財務局が、「遊《あそ》び金《がね》が五十億円ほどある。今、パチンコが儲かっているから、全国で、当会の支部がある場所ごとにパチンコ屋を開いて、支部の人たちにパチンコ屋に行って打ってもらおうか。そうしたら、ほかのパチンコ屋に落ちるお金が当会のなかで落ちるから、いいのではないか」というようなことをやったとしても、やはりこれは、どこかで反作用は来ます。信者から「おかしいのではないか」と言われるでしょうし、マスコミから批判を受けることもあるし、外から言われることも、あるかもしれません。

それがパチンコ屋ではなく、困っている人を助けるような何かのＮＰＯ事業のために、一部、お金を使っているというのなら、言い訳は立つかもしれません。

政府も今、巨額の税金を集めて公共投資に使い、スーパー堤防などもつくっていますが、カジノをつくる構想も持っています。これも、よし悪《あ》しの問題で、宗教法人はカジノを運営したら、たぶん怒られると思います。政府も公益のための組織なので、政府がカジノをやっていいのかどうかについて、疑問がないわけではありませんが、「日本に来ないで、香港《ホンコン》やシンガポールやラスベガスに行っているお金を、こちらが取りたい」という気持ちも、分からないことはありません。

カジノを建てれば、政府は確実に税金が取れることは分かっています。税収は増えるから、政府としては、つくりたい。ただ、国民のほうはどうかと言えば、微妙なところはあります。

カジノの利益率は、私は詳しくは知りませんが、例えば宝くじであれば、賞金額が売上の五十パーセント以内と決まっているので、運営側は、五十パーセントは確実に儲かるようになっていて、それを運営している地方公共団体などに入るようになっています。

競馬・競輪も数多くありますが、基本的には、損をするようになっています。地方公共団体に税収は入るけれども、やる人は損はします。

ただ、損はするけれど、そこにまた、予想屋のような人たちが一枚噛《か》むわけです。「絶対、当たり券です」と言って売ります。絶対に当たるなら自分が買えばいいのに、自分で買わないで人に売っているのは、当たらないからです(笑)。それを、「でも、なかには当たるものもあるんです」と言い逃れして、それで小遣《こづか》いを稼いでいる人がいます。これが予想屋の仕事です。そういう二次産業も生みますが、やはり風紀を乱す面はあります。カジノなどは、そういう問題があるでしょう。

同じような問題であれば、麻薬なども、税金をかければ政府の収入にはなりますが、病み付きになってやめられなくなりますので、本当に国民を麻薬漬《づ》けにしてもいいかという問題はあります。

オバマ大統領のように、「マリファナとお酒とタバコは、特に変わらなかった。常習性があって麻痺させる部分の健康の害は、同じぐらいだった」という考えであれば、マリファナも、いいことになるのでしょう。日本は、まだなかなか認めない状況ですが、アメリカは、半分ぐらいの州が認めつつあります。

これらは微妙なところがありますが、「公益性」の高い組織が、国民の道徳や情操の部分に害を与えるものを、事業としてやっていいかどうか。九鬼《くき》さんの本（『新しき大学とミッション経営』九鬼一著・幸福の科学出版刊）にも書いてある「ミッション経営」的に見て、本業から外れているか外れていないかについての大局的な判断は要るだろうと思います。

●ミッション経営　利益追求とは別の目的として、使命や社会貢献というものを意識した経営を行うこと。

「三分の一」の「投資の分限《ぶんげん》」と「本業の筋」から外れないこと

ですから、「今使わなくてもいい余分な資金があったとしても、投機に使うのは基本的には三分の一ぐらいまでで止めておいて、潰れないようにしなさい」ということ。また、「本業の筋から見て外れていると思うようなものには、他の人がいくら儲けていても、手は出さないようにしましょう」ということです。

当会も、那須のゴルフ場を買いましたが、ゴルフ業はやりませんでした。しかし、例えばＰＬ教団は、富田林《とんだばやし》のほうでゴルフ場を丸ごと全部買いました。教祖がゴルフ狂だったらしく、「いずれ建物が必要になると思うが、それまでの間は自分がゴルフを続ける」と言ってゴルフをやっていました。だんだん、一ホール部分だけ建物が建つとか、少しずつ建物が増えてきたのですが、それまでは自分がゴルフを楽しめるので、買ったものもあるようです。赤字で潰れるまでは大丈夫なのだろうとは思いますが、気をつけなければいけない面は、あるでしょう。

あるいは、世界救世教も、熱海《あたみ》でMOA《エムオーエー》美術館をやっています。昔、私も一回だけ行ったことがあります。確か入場料を、当時で三百円ぐらいだったか忘れてしまいましたが、いくらか取られました。それは収入にはなるのでしょうが、道楽で世界の名画をたくさん集めていたのは、事実だろうと思います。そのための費用は、たぶん、それくらいの入場料で釣り合うような金額ではなかったでしょう。

その証拠に、世界救世教が本部を建てるときに、百五十億円を銀行から借金していいます。借金をしなければいけないということは、手金《てがね》がなかったということですので、「少し、ずれた部分があるのかな」とは思いますが、微妙な兼ね合いで、今、保《も》っているというところでしょうか。それ以上の規模に行かないで、止まっていますから。それを手広くやりすぎたら、やはり、引っ掛かるところはあるでしょう。

あそこは、教えのなかに「真《しん》・善《ぜん》・美《び》」を入れています。「美」が入っていると、絵や骨董品《こっとうひん》など、いろいろなものをたくさん買えるのです。教義のなかに「美」を入れて、美術館をやっているところは、ほかにも数多くあります。

創価学会も、東京富士美術館というのを持っています。「美」の部分を教義に入れると、いろいろなものが買えるようになるわけです。値上がりしたら売ればいいわけですから、それで利殖をすることが可能なところもあります。ただ、気をつけないと、宗教の本業から外れる場合もあります。

ですから、やはり、「分限」として、「この程度までならいい」と思えるかどうかと、「筋」として合っているかどうかの加減です。そうしたことをやっている宗教も現にありますので、潰れていない限りは、特に罪に問われるようなことはないのでしょう。ただ、「全体的な道徳観念から見て、ある程度、許容範囲に入っているかどうか」という考えを持つべきだろうと思います。

「堅実な運営」を基本とし、成果を上げる

基本的には、「堅実な運営」をするのがいいと思います。

当会も、基本的には、「お布施《ふせ》で集めた財産を、守らなければいけない。減らしてはいけない。大事に守って、使うときには、何とか、もとが取れるように」という考え方でやっています。そういう考えでやらなければいけないと思います。

当会は、幸福の科学学園もやっていますし、他のＮＰＯ系のものもあります。確かに、本体（宗教法人幸福の科学）のほうに余資《よし》があるからできる面もありますが、「学園事業自体で採算が黒字なのか、宗教団体から寄付がもらえて黒字なのか」の見極めをしなければいけません。これを勘違《かんちが》いしたら、大きな間違いだろうと思います。

学園事業の部分について、信者全体が許容できる範囲内なら、別に構わないとは思いますが、宗教法人幸福の科学から寄付を受けている部分を、単なる黒字と思って、拡張をやりすぎたら、失敗が起きます。自らが、ある程度、財務的な基盤をつくっていく努力をしなければいけません。研究開発がパテントで売れるようになる、何か収入を生むようなものになる、卒業生を出世させて寄付させる、などです。

例えばハーバード大学は、三兆円も基金を持っています。「卒業して出世したら、母校に寄付をせよ」と言っていますから、それで三兆円の基金を持っている。卒業生が、みんな〝出世〟して、けっこう偉くなったということです。こういうのは、いいことでしょう。

当会も、教育の部分で採算がとれなかったり、赤字を埋め合わせてやったりするとしても、「十年後、二十年後、三十年後に卒業生が偉くなって、社長になって、母校に寄付してくれる」というのなら、これはまた、財政基盤が健全になるので大丈夫だと思います。このへんの考え方を間違わないようにしなければいけません。

幸福実現党の部分も同じです。ここも、単なる〝散財部門〟で終わってはいけません。公益法人的に、国にとって大事なことをやっている面もありますので、財務的には宗教法人幸福の科学に支えられていても、その面が理由で許される限度と、ある程度、党が自分で財政基盤をつくらなければいけない部分とがあります。

もし、会員が本来、宗教団体に対して布施したお金が、単に政党に〝シフト〟しているだけであれば、「信用限度」と、やっている「仕事の成果」とを比較して、「いいかどうか」という判定は出てくると思います。それを我慢できる期間の範囲はあるはずで、その範囲内に一定の「実績」と「成果」を出さなければ、許されなくなるのではないかと思います。例えば、政党の支部から会員システムをつくり、政治家になろうとしている人を応援するシステムをつくっていくような力がなければいけないでしょう。

当会は、非採算部門も抱《かか》えてはいますが、やはり、必ず何らかの実りを生むなり、成果を上げるなりしなければいけないという「財務的な観点」が、頭のなかに入っていなければいけないのではないかと考えます。

あとがき

宗教の開祖として、宗教的・哲学的悟りを開くと同時に、私自身が国際事業展開や財務マンとして経営のプロフェッショナルであったことが、「幸福の科学」の発展に大きな推進力を与えた。

他の宗教でも「経営セミナー」や「経営者研修」をやっているが、私自身が実際に経営幹部として育てられていたプロフェッショナルであったため、当会の経営指導は、書物だけ、あるいは机上の空論としてだけのものではなく、一段と真剣味と重みを持っている。

本書も本来は、実際に起業していく人たち、あるいは、事業経営をやっている人たちへの講義をテキストにしたものである。

東大の経済学部でも学者では経営・経済の実際が教えられないので、銀行から人を呼んで講義をやってもらっていると聞く。

銀行やメーカーにも優れた財務マンはいると思うが、総合商社の財務マンが一番優秀だと一般に世間では言われている。

悟りの奥義《おうぎ》の番外編ではあるが、本書が当会の発展・繁栄の法の一柱《いっちゅう》を成すことは確実である。P・F・ドラッカーさえ知らなかった経営の秘儀《ひぎ》が十分に説かれていると思う。

二〇一四年　八月二十八日

幸福《こうふく》の科学《かがく》グループ創始者兼総裁《そうししゃけんそうさい》

幸福《こうふく》の科学大学創立者《かがくだいがくそうりつしゃ》　大川隆法《おおかわりゅうほう》

『財務的思考とは何か』大川隆法著作関連書籍

『経営入門』（幸福の科学出版刊。以下同）

『智慧の経営』

『忍耐の時代の経営戦略』

『「経営成功学」とは何か』

『経営の創造』

『経営が成功するコツ』

『「実践経営学」入門』

財務的思考《ざいむてきしこう》とは何《なに》か
──経営参謀としての財務の実践論──

2014年9月3日　初版第1刷

著　者　　大《おお》　川《かわ》　隆《りゅう》　法《ほう》

発行所　　幸福の科学出版株式会社
〒107-0052 東京都港区赤坂2丁目10番14号
TEL(03)5573-7700
http://www.irhpress.co.jp/
印刷・製本　株式会社 堀内印刷所

落丁・乱丁本はおとりかえいたします

ISBN978-4-86395-542-4 C0030

大川隆法シリーズ・**最新刊**

西田幾多郎の「善の研究」と幸福の科学の基本教学「幸福の原理」を対比する

既存の文献を研究するだけの学問は、もはや意味がない! 独創的と言われる「西田哲学」を超える学問性を持った「大川隆法学」の原点がここに。

1,500円

仏教的幸福論
――施論・戒論・生天論――

仏教は「幸福論」を説いていた! 釈尊が説いた「次第説法」を分かりやすく解説。人生の苦しみを超えて、本当の幸福をつかむための方法が示される。

1,500円

宗教社会学概論
人生と死後の幸福学

なぜ民族紛争や宗教対立が生まれるのか? 世界宗教や民族宗教の成り立ちから、教えの違い、そして、その奥にある「共通点」までを明らかにする。

1,500円

大川隆法ベストセラーズ・幸福論シリーズ

北条政子の幸福論
―嫉妬・愛・女性の帝王学―

現代女性にとっての幸せのカタチとは何か。夫である頼朝を将軍に出世させ、自らも政治を取り仕切った北条政子が、成功を目指す女性の「幸福への道」を語る。

1,500円

孔子の幸福論

聖人君子の道を説いた孔子は、現代をどう見るのか。各年代別の幸福論から理想の政治、そして現代の国際潮流の行方まで、儒教思想の真髄が明かされる。

1,500円

ムハンマドの幸福論

西洋文明の価値観とは異なる「イスラム世界」の幸福とは何か？　イスラム教の開祖・ムハンマドが、その「信仰」から「国家観」「幸福論」までを語る。

1,500円

パウロの信仰論・伝道論・幸福論

キリスト教徒を迫害していたパウロは、なぜ大伝道の立役者となりえたのか。「ダマスコの回心」の真実、贖罪説の真意、信仰のあるべき姿を、パウロ自身が語る。

1,500円

大川隆法ベストセラーズ・発展する企業をつくる

経営入門

人材論から事業繁栄まで

豪華装丁
函入り

経営規模に応じた経営の組み立て方など、強い組織をつくるための「経営の急所」を伝授。

9,800円

社長学入門

常勝経営を目指して

豪華装丁
函入り

デフレ時代を乗り切り、組織を成長させ続けるための経営哲学、実践手法が網羅された書。

9,800円

未来創造のマネジメント

事業の限界を突破する法

豪華装丁
函入り

変転する経済のなかで、成長し続ける企業とは、経営者とは。戦後最大級の組織をつくり上げた著者による、現在進行形の経営論がここに。

9,800円

※表示価格は本体価格(税別)です。

Noblesse《ノーブレス》 Oblige《オブリージ》

「高貴なる義務」を果たす、
「真のエリート」を目指せ。

幸福の科学学園
中学校・高等学校（那須本校）

Happy Science Academy Junior and Senior High School

「私は、
教育が人間を創ると
信じている一人である。
若い人たちに、
夢とロマンと、精進、
勇気の大切さを伝えたい。
この国を、全世界を、
ユートピアに変えていく力を
出してもらいたいのだ。
（幸福の科学学園 創立記念碑より）
幸福の科学学園 創立者
大川隆法」

幸福の科学学園（那須本校）は、幸福の科学の教育理念のもとにつくられた、男女共学、全寮制の中学校・高等学校です。自由闊達な校風のもと、「高度な知性」と「徳育」を融合させ、社会に貢献するリーダーの養成を目指しており、2014年4月には開校四周年を迎えました。

Noblesse《ノーブレス》 Oblige《オブリージ》

「高貴なる義務」を果たす、
「真のエリート」を目指せ。

2013年 春 開校

幸福の科学学園 関西中学校・高等学校

Happy Science Academy
Kansai Junior and Senior High School

私は日本に
真のエリート校を創り、
世界の模範としたい
という気概に満ちている。
『幸福の科学学園』は、
私の『希望』であり、
『宝』でもある。
世界を変えていく、
多才かつ多彩な人材が、
今後、数限りなく
輩出されていくことだろう。

（幸福の科学学園関西校 創立記念碑より）

幸福の科学学園 創立者
大川隆法

滋賀県大津市、美しい琵琶湖の西岸に建つ幸福の科学学園（関西校）は、男女共学、通学も入寮も可能な中学校・高等学校です。発展・繁栄を校風とし、宗教教育や企業家教育を通して、学力と企業家精神、徳力を備えた、未来の世界に責任を持つ「世界のリーダー」を輩出することを目指しています。

幸福の科学学園・教育の特色

「徳ある英才」の創造

教科「宗教」で真理を学び、行事や部活動、寮を含めた学校生活全体で実修して、ノーブレス・オブリージ(高貴なる義務)を果たす「徳ある英才」を育てていきます。

体育祭

天分を伸ばす「創造性教育」

教科「探究創造」で、偉人学習に力を入れると共に、日本文化や国際コミュニケーションなどの教養教育を施すことで、各自が自分の使命・理想像を発見できるよう導きます。さらに高大連携教育で、知識のみならず、知識の応用能力も磨き、企業家精神も養成します。芸術面にも力を入れます。

探究創造科発表会

一人ひとりの進度に合わせた「きめ細やかな進学指導」

熱意溢れる上質の授業をベースに、一人ひとりの強みと弱みを分析して対策を立てます。強みを伸ばす「特別講習」や、弱点を分かるところまでさかのぼって克服する「補講」や「個別指導」で、第一志望に合格する進学指導を実現します。

授業の様子

自立心と友情を育てる「寮制」

寮は、真なる自立を促し、信じ合える仲間をつくる場です。親元を離れ、団体生活を送ることで、縦・横の関係を学び、力強い自立心と友情、社会性を養います。

毎朝夕のお祈りの時間

幸福の科学学園の進学指導

1 英数先行型授業

受験に大切な英語と数学を特に重視。「わかる」(解法理解)まで教え、「できる」(解法応用)、「点がとれる」(スピード訓練)まで繰り返し演習しながら、高校三年間の内容を高校二年までにマスター。高校二年からの文理別科目も余裕で仕上げられる効率的学習設計です。

2 習熟度別授業

英語・数学は、中学一年から習熟度別クラス編成による授業を実施。生徒のレベルに応じてきめ細やかに指導します。各教科ごとに作成された学習計画と、合格までのロードマップに基づいて、大学受験に向けた学力強化を図ります。

3 基礎力強化の補講と個別指導

基礎レベルの強化が必要な生徒には、放課後や夕食後の時間に、英数中心の補講を実施。特に数学においては、授業の中で行われる確認テストで合格に満たない場合は、できるまで徹底した補講を行います。さらに、カフェテリアなどでの質疑対応の形で個別指導も行います。

4 特別講習

夏期・冬期の休業中には、中学一年から高校二年まで、特別講習を実施。中学生は国・数・英の三教科を中心に、高校一年からは五教科でそれぞれ実力別に分けた講座を開講し、実力養成を図ります。高校二年からは、春期講習会も実施し、大学受験に向けて、より強化します。

5 幸福の科学大学(仮称・設置認可申請中)への進学

二〇一五年四月開学予定の幸福の科学大学への進学を目指す生徒を対象に、推薦制度を設ける予定です。留学用英語や専門基礎の先取りなど、社会で役立つ学問の基礎を指導します。

授業の様子

詳しい内容、パンフレット、募集要項のお申し込みは下記まで。

幸福の科学学園 関西中学校・高等学校

〒520-0248
滋賀県大津市仰木の里東2-16-1
TEL.077-573-7774
FAX.077-573-7775
[公式サイト]
www.kansai.happy-science.ac.jp
[お問い合わせ]
info-kansai@happy-science.ac.jp

幸福の科学学園 中学校・高等学校

〒329-3434
栃木県那須郡那須町梁瀬 487-1
TEL.0287-75-7777
FAX.0287-75-7779
[公式サイト]
www.happy-science.ac.jp
[お問い合わせ]
info-js@happy-science.ac.jp

仏法真理塾

サクセスNo.1

未来の菩薩を育て、仏国土ユートピアを目指す！

仏法真理塾「サクセスNo.1」とは

宗教法人幸福の科学による信仰教育の機関です。信仰教育・徳育にウエイトを置きつつ、将来、社会人として活躍するための学力養成にも力を注いでいます。

サクセスNo.1 東京本校（戸越精舎内）

「サクセス№1」のねらいには、「仏法真理と子どもの教育面での成長とを一体化させる」ということが根本にあるのです。

大川隆法総裁　御法話「『サクセス№1』の精神」より

仏法真理塾「サクセスNo.1」の教育について

信仰教育が育む健全な心

御法話拝聴や祈願、経典の学習会などを通して、仏の子としての「正しい心」を学びます。

学業修行で学力を伸ばす

忍耐力や集中力、克己心を磨き、努力によって道を拓く喜びを体得します。

法友との交流で友情を築く

塾生同士の交流も活発です。お互いに信仰の価値観を共有するなかで、深い友情が育まれます。

●サクセスNo.1は全国に、本校・拠点・支部校を展開しています。

東京本校
TEL.03-5750-0747　FAX.03-5750-0737

名古屋本校
TEL.052-930-6389　FAX.052-930-6390

大阪本校
TEL.06-6271-7787　FAX.06-6271-7831

京滋本校
TEL.075-694-1777　FAX.075-661-8864

神戸本校
TEL.078-381-6227　FAX.078-381-6228

西東京本校
TEL.042-643-0722　FAX.042-643-0723

札幌本校
TEL.011-768-7734　FAX.011-768-7738

福岡本校
TEL.092-732-7200　FAX.092-732-7110

宇都宮本校
TEL.028-611-4780　FAX.028-611-4781

高松本校
TEL.087-811-2775　FAX.087-821-9177

沖縄本校
TEL.098-917-0472　FAX.098-917-0473

広島拠点
TEL.090-4913-7771　FAX.082-533-7733

岡山本校
TEL.086-207-2070　FAX.086-207-2033

北陸拠点
TEL.080-3460-3754　FAX.076-464-1341

大宮拠点
TEL.048-778-9047　FAX.048-778-9047

全国支部校のお問い合わせは、
サクセスNo.1 東京本校（TEL. 03-5750-0747）まで。

メール info@success.irh.jp

エンゼルプランV

信仰教育をベースに、知育や創造活動も行っています。

信仰に基づいて、幼児の心を豊かに育む情操教育を行っています。また、知育や創造活動を通して、ひとりひとりの子どもの個性を大切に伸ばします。お母さんたちの心の交流の場ともなっています。

TEL 03-5750-0757　FAX 03-5750-0767
メール angel-plan-v@kofuku-no-kagaku.or.jp

ネバー・マインド

不登校の子どもたちを支援するスクール。

「ネバー・マインド」とは、幸福の科学グループの不登校児支援スクールです。「信仰教育」と「学業支援」「体力増強」を柱に、合宿をはじめとするさまざまなプログラムで、再登校へのチャレンジと、進路先の受験対策指導、生活リズムの改善、心の通う仲間づくりを応援します。

TEL 03-5750-1741　FAX 03-5750-0734
メール nevermind@happy-science.org

ユー・アー・エンゼル!(あなたは天使!)運動

障害児の不安や悩みに取り組み、ご両親を励まし、勇気づける、障害児支援のボランティア運動です。学生や経験豊富なボランティアを中心に、全国各地で、障害児向けの信仰教育を行っています。保護者向けには、交流会や、医療者・特別支援教育者による勉強会、メール相談を行っています。

TEL 03-5750-1741　FAX 03-5750-0734
メール you-are-angel@happy-science.org

シニア・プラン21

生涯反省で人生を再生・新生し、希望に満ちた生涯現役人生を生きる仏法真理道場です。週1回、開催される研修には、年齢を問わず、多くの方が参加しています。現在、全国8カ所(東京、名古屋、大阪、福岡、新潟、仙台、札幌、千葉)で開校中です。

東京校 TEL 03-6384-0778　FAX 03-6384-0779
メール senior-plan@kofuku-no-kagaku.or.jp